《書經》高本漢注釋斠正

陳　遠　止　著

文史哲學集成
文史哲出版社印行

國家圖書館出版品預行編目資料

《書經》高本漢注釋斠正 / 陳遠止著. -- 初版
. -- 臺北市：文史哲，民85
　面　；　公分. -- （文史哲學集成；361）
ISBN 957-549-011-8(平裝)

1. 書經 - 註釋

621.112　　　　　　　　　　　　　　85004822

文史哲學集成　㊱

《書經》高本漢注釋斠正

著　　　者：陳　　　遠　　　止
出 版 者：文 史 哲 出 版 社
登記證字號：行政院新聞局局版臺業字五三三七號
發 行 人：彭　　　正　　　雄
發 行 所：文 史 哲 出 版 社
印 刷 者：文 史 哲 出 版 社
　　　臺北市羅斯福路一段七十二巷四號
　　　郵撥〇五一二八八一二　彭正雄帳戶
　　　電話：（〇二）三五一一〇二八

定價新臺幣 四八〇元

中 華 民 國 八 十 五 年 五 月 初 版

鳴　謝

本書印行承蒙
單師周堯敎授賜序
國立臺灣師範大學丁善雄敎授襄助
謹此衷心致謝

序

瑞典高本漢（Klas Bernhard Johannes Karlgren, 1889-1978）
是二十世紀西方漢學界的大師，他對漢語音韻學研究的影響，
固然冠絕一代；他對《書經》、《詩經》、《左傳》、《禮
記》等中國古籍注釋的研究，也析纖甄微，卓然有見，因此，
音韻學大師董同龢先生（1911－1963），願意暫時擱置他的音
韻學研究，把高氏在 *Bulletin of the Museum of Far Eastern
Antiquities*（《遠東博物館館刊》）發表的 "Glosses on the Kuo
feng odes"（《國風注釋》）①、"Glosses on the Siao ya odes"
（《小雅注釋》）②、"Glosses on the Ta ya and Sung odes"
（《大雅頌注釋》）③譯成中文，合為一書，共分兩冊，題為
《高本漢詩經注釋》④；而陳舜政先生則把 "Glosses on the
Books of Documents" ⑤、"Glosses on the Tso-chuan" ⑥、
"Glosses on the Li-ki"⑦都翻譯為中文，名之為《高本漢書經注
釋》、《高本漢左傳注釋》、《高本漢禮記注釋》⑧。

　　高本漢所研究的，都是一些有疑難的詞句。他先把各家的
異文異說臚列出來，然後細察這些解說在先秦典籍中是否有例
證，在訓詁上是否有根據，詳稽博辨，力求客觀，而他的成
績，也是學術界所一致推崇的。

　　高氏有關《書經》的注釋，共有九百多條。遠止認為有問
題而加以刊正的，有九十九條。這對《書經》研究來說，當然

是很大的貢獻。《書經》素以難讀著稱，高本漢又是積學深思、名重一時的學者，遠止有這樣的成績，實在難能可貴。

　　近十數年來，香港大學逐漸發展出一門"高學"。早於1979年，麥淑儀同學即以"高本漢《左傳注釋》研究"爲題，撰寫其碩士論文，該論文於1985年完成。淑儀於1981年成爲遠止的賢内助。遠止的碩士論文，題目是"《說文》王筠句讀辨疑"，其後他也加入"高學"研究，本書就是他的博士論文。此外，李雄溪同學也以"高本漢《雅》《頌》注釋斠正"一文，取得博士學位。他們三人最少有兩點相同之處：其一是糾正高說，對古籍研究作出貢獻；其二是同樣溫良敦厚，熱心助人。

　　1994年6月，香港大學和美國史丹福大學聯合舉辦第一屆左傳國際學術研討會。淑儀把她從未發表的碩士論文略加撮寫，在會上宣讀。臺灣師範大學劉正浩教授向來獎掖後輩，對淑儀的論文甚表讚賞，但他誤以爲淑儀的論文還未竟全功，因此同情地告訴她，他的一位研究生已剛完成一篇同一題目的論文。由此可見，學術界實在需要加強訊息交流，以避免研究上的重複。我希望遠止這本書能早日面世，一方面固可供研究《書經》者參考，一方面可免得另一位《書經》研究者因訊息不通而作同一研究——雖然這是一項很有價值的研究。

　　　　　　　　　　　　1996年2月單周堯於香港大學

① 發表於第14期（1942年）。

② 發表於第16期（1944年）。

③ 發表於第18期（1946年）。

④ 該書臺北中華叢書編審委員會1960年7月初版，1979年2月再
　　版。

⑤ 發表於*Bulletin of the Museum of Far Eastern Antiquities*第20
　　（1948年）、21期（1949年）。

⑥ 同⑤，第41（1969年）、42期（1970年）。

⑦ 同⑤，第43期（1971年）。

⑧ 以上三書，臺北中華叢書編審委員會分別於1969、1972、
　　1981年出版。

《書經》高本漢注釋斠正

目　錄

第一章　導論

　　高本漢，瑞典人，原名 Klas Bernhard Johnannes Karlgren，從他的譯名，已經可以知道，高本漢是一個非常熱愛中國文化的學者。高氏出生於1889年，二十歲大學畢業後，曾到過中國，對漢語作了實地的研究，高氏對中國各地的方言，尤其是山西省的方言，進行了科學的調查。他親自調查過二十四種方言，總共記錄了十萬多個字音。回瑞典後，高氏利用所得的資料，用法文寫成了他首部關於中國音韻學的巨著：《中國音韻學研究》（ *Studes sur la phonologie Chinoise* ）。這部書成於1915年，高氏藉這部書取得他的博士學位。十一年後，高氏將這部書廣加補充和修訂，將篇幅擴增爲原來的兩倍，在1926年正式出版。1940年，中國學者趙元任、羅常培和李方桂三人合作將這部書翻譯成中文，高氏的著作於是首次廣泛地在中國流通，被國人認識。

　　在研究中國古籍方面，高本漢做得最全面而又用力極深的，可說是成於1946年的《詩經注釋》（ *Glosses on the Odes* ）①和成於1949年的《書經注釋》。不過，在這之前，高氏在中國語言學和中國古籍上，都曾做過非常深入和大量的研究工作；因此，《詩經注釋》和《書經注釋》這兩部巨著，可說是建基於那些研究工作的成果之上的。這裏所說的研究工作，關

於中國語言學的，除了上文提過的《中國音韻學研究》外，還有：

1)　《中國語與中國文》（*Ordet och pennan i Mettens rike*）1918年——此文原以瑞典文發表；1923年，英國牛津大學出版社編印之《語文叢書》（*Language and Literature Series*）將之譯爲英文，名爲 *Sound and Symbol in Chinese*，1932年，張世祿根據牛津大學出版之英譯本，再翻譯爲中文，名爲《中國語與中國文》，爲上海商務印書館《百科小叢書》之一。

2)　《原始中國語爲變化語說》（*Le Proto-Chinois, langue flexionelle*）1920年——原文以法文發表，載於《亞洲學報》（*Journal Asiatique*），巴黎，第15卷，第11號。中文譯本由馮承鈞翻譯，刊於《東方雜誌》（上海）第26卷。

3)　《古代漢語的重建問題》（*The Reconstruction of Ancient Chinese*）1922年——原文以英文發表，載於《通報》（*T'oung Pao*, Leyde）第21卷。中譯本由林玉堂翻譯，名爲《答馬斯貝羅論切韻之音》，載於1923年北京出版之《國學季刊》第1卷。

4)　《漢和語文解析字典》（*Analytic Dictionary of Chinese and Sino-Japanese*）1923年——此書以英文於法國巴黎出版。1930年北京《中央研究院集刊》第2本載有王靜如對高氏

此文的中文節譯本，名爲《中國古音切韻之系統及其演變》。

5) 《形聲字之本質》（*A Principle in the Phonetic Compounds of the Chinese Script*）1925年——此文以英文在《亞洲專刊》（*Asia Major*, Leipzig, London）第2卷發表。1927年《清華國學論叢》第1卷載有趙元任所譯之《高本漢的諧聲說》。趙氏譯文所根據的，即上列*Analytic Dictionary of Chinese and Sino-Japanese* 和此文。

6) 《中國語言學研究》（*Philology and Ancient China*）1926年——此書以英文發表。中文本爲賀昌群所譯，列爲1926年上海商務印書館出版社之《國學小叢書》之一。

7) 《上古音當中的幾個問題》（Problems in Archaic Chinese）1927——此文以英文在英國倫敦《皇家亞洲學會學報》（*Journal of the Royal Asiatic Society*, London）發表。中文本爲趙元任所譯，載於北京《中央研究院集刊》第一本（1930年）。

8) 《藏語與漢語》（Tibetan and Chinese）1931年——此文以英文在《通報》（*T'oung Pao*, Leyde）第28卷發表。中文本爲唐虞所譯，於1934年北京《中法大學月刊》第4卷第3號刊登。

9) 《老子韻考》（the Poetical Parts in Lao-tsï）1932年——此文以英文發表，載於瑞典《古登堡大學年報》（*Gö*

teborgs Högskolas Årsskrift, Goteborg）第38卷3號。董同龢
於北京《中央研究院集刊》第7卷第4號（1938年）發表之
《與高本漢先生商榷"自由押"說兼論上古楚方音特色》
一文，內容即在評論高氏此文。

10) 《從國語中的不規則送氣音看某些土耳其語中的轉承音》
（Some Turkish Transcription in the Light of Irregular
Aspirates in Mandarin）1933年——此文以英文在北京《慶
祝蔡元培先生六十五歲論文集》發表。

11) 《漢語詞類》（Word Families in Chinese）1933年——以
英文發表於《遠東博物館館刊》（*Bulletin of the Museum
of Far Eastern Antiquities*）第5期。1937年上海商務印書館
《國學小叢書》收有張世祿中譯本。

12) 《漢文典：中日造字諧聲論》（Grammata Serica, Script
and Phonetics in Chinese and Sino-Japanese）1940年——此
文以英文發表，載於《遠東博物館館刊》第12期。

而關於中國古籍研究的則有：

13) 《左傳眞僞考及其他》（On the Authenticity and Nature of
the Tso Chuan）1926年——此文以英文發表，載於《古登
堡大學年報》第32卷，第3號。中文本爲陸侃如所譯，於
1927年由上海 Crescent Bloom 書店出版，書中附有胡適的
《序》及衞聚賢的《跋》。陸侃如譯本於1936年由上海商
務印書館印行第2版，書中又增加了高氏的另兩篇論文：

(1) "The Authenticity of Ancient Chinese Texts"（《中國古書的眞僞》）；(2) "The pronoun Küe in Shu King"（《書經中的代名詞厥字》）。此外並附有胡適、衛聚賢和馮沅君等人的序跋。

14) 《中國古書的眞僞》（The Authenticity of Ancient Chinese Texts）1929年——此文以英文發表，載在《遠東博物館館刊》第1期。中文本有兩種：(1)王靜如譯，題名爲：《論考證中國古書眞之方法》。此譯本爲一概括性之撮譯，而不是原著全文之翻譯。載於《中央研究院集刊》（北京，1931）第2本。(2)陸侃如譯，題名爲《中國古書的眞僞》，是原著全文譯本，載於《師大月刊》（北京：1933年）第2卷。

15) 《周禮與左傳本文之早期歷史》（The early history of the Chou Li and Tso Chuan texts）1931年——此文以英文在《遠東博物館館刊》第3期發表。

16) 《詩經研究》（Shi King Researches）1932年——此文以英文發表，載於《遠東博物館館刊》第4期。

17) 《書經中的代名詞厥字》（The pronoun Küe in Shu King）1933年——此文以英文發表，載於瑞典《古登堡大學年報》第39卷第2號。中文本爲陸如所譯，載於《文學年報》第2卷（北京，1936年）。

18)　　《中國古代之傳說與崇拜》（Legenda and cults in ancient
　　　China）1946年――此文以英文在《遠東博物館館刊》第
　　　18期發表。

以上所舉的，只是犖犖大端而已。②高氏除了在中國語言學和
中國古籍上，擁有輝煌的研究成就外，他在中國出土鐘鼎器物
上，亦有豐碩的著述，成績也斐然可觀。由此可見，高氏的才
華是多方面的，穩固的學術基礎，令他在漢學研究的領域中，
卓然自成一家。

　　高本漢的《詩經注釋》和《書經注釋》，據高氏自己說，
"在體例與旨趣上是直接連屬的"③。《書經注釋》，原題作
"Glosses on the Book of Document"，分兩次刊載於《遠東博物館
館刊》第20期（1948年）和第21期（1949年）。高氏《書經注
釋》討論的是所謂古文經部分的28篇，不是現存《偽孔傳》本
的全部58篇。1969年，陳舜政將高氏的《書經注釋》翻譯爲中
文，由台灣中華叢書編審委員會出版，而本文即以陳氏的譯文
作爲高書中文本的根據。④高氏的著述中，和《書經》有關
的，除了上面提過在1933年發表的《書經中的代名詞厥字》一
文外，還有1950年發表於《遠東博物館館刊》第22期的《英譯
書經》（原題作："The Book of Document"）和1964年發表於
同一刊物第36期的《詩經注釋與書經注釋索引》（原題作：
"Index to Glosses on the Book of Odes and Glosses on the Book of
Document"）其英譯爲《書經》作了完整的逐句連綴解說，頗

有學術價值，不可以等閒之譯文視之；其所編索引則爲讀其
《注釋》者提供了檢索之便，陳舜政亦將這《索引》收附於他
的譯本之末。

　　高氏在《書經注釋》的《序》中說：

　　「《尚書》之爲書，奧衍難讀。若想訂定經文，給予正
　　確的詮釋，實在不是一件容易的事。我們常會發現，見
　　於許多古書中所引稱的今文經本，比較傳統的古文經
　　本，眞是大異其趣。從這些情況上看，有些現在只見於
　　古文經本的字句，其所以詰屈難解，完全是於字句的譌
　　誤與脫漏，以致於學者無法對它們作有效的研究。但是
　　就我個人的意見看，利用可靠的材料，與堅定的毅力，
　　要想揭示《尚書》中的這些奧秘的經義，並不是不可能
　　的。有許多古文本的字句，本身並不曾有任何校勘上的
　　問題，只是因爲今人去古已遠，而它們的語言時代又太
　　早，所以才使我們覺得棘手。不過只要知道問題的癥結
　　所在，自然就有辦法作合理的解決。」⑤

可知高氏撰寫《書經注釋》的旨趣在「訂定經文，給予正確的
詮釋」。高氏認爲《書經》之所以奧衍難讀，主要由於《書
經》的語言時代距今太遠，而這個問題，則可以憑藉古漢語語
音系統的重建和語源學的方法來解決，他在《序文》中說：

　　「在這兩部書（指《詩經注釋》和《書經注釋》——筆
　　者）所有的注釋中，作者的研究有一項基本原則，就是

對於古代漢語語音的參證討論。只有憑藉字詞古音的研
究，才能解決纏結不清的『假借』問題，而一個字詞的
真實意義，也就可以用語源學的方法找出它所屬的詞類
與語根，進而得到肯定的結論。」⑥

高氏深厚的語言學造詣，正好爲他注釋《詩經》和《書經》提
供了穩固的基礎。訂定經文，詮釋經義，清儒在這方面都做了
頗多的工作，也獲得了豐碩的成果，但是，高氏語言學的知識
及其西方科學化的分析方法，正好補清儒之不是。董同龢在
《詩經注釋》的《譯序》說：

「清儒提出了『讀經必先識字』的口號，正是因爲
他們在音韻訓詁上有了頗爲可觀的成就，確能有根
有據的認識了不少古書上的字，所以清代學者的經
學確能超越漢唐。然而由現代人看來，清儒的音韻
訓詁之學離開精密的地步實在還有相當遠的路程，
並且他們運用材料的方法也儘有商榷的餘地。高氏
特別提出三點：

(一) 他們只求出了古音系統的粗略的間架，對古
　　　音實值還毫無所知。因此，他們說某某字古
　　　音同，有些地方是靠不住的。

(二) 關於古義，他們過於尊崇《爾雅》《說文》
　　　等古字典的定義，而忽略許多字在古籍中應
　　　用的實例。

　(三)　引證古書文句的時候，往往三代兩漢不分，

　　　　不去辨別時代眞正夠早而確能引爲佐證的材

　　　　料和時代太晚而實在不足依據的材料。

　　　　　這些都是中肯之言。我們更可以說：學問發展

　　　　至於今日，這些話大體上也都是嚴肅的做學問的人

　　　　的心聲。」⑦

董氏指出了高本漢的優點，在於能夠補足清代學者所忽略的地

方；董氏的話，同時反映了時代先後於學術研究所帶來的影

響：後來的學者往往處於優越的位置，他們可以利用前賢的成

果，加上自己的新知識，在研究上有所創獲。

　董同龢對高氏所做的工作，極爲推崇，他說：

　　「我們可以說，高氏已經做出來的，大體上也就是

　　五四新文化運動以後中國學人在『用科學知識和方

　　法整理國故』的號下想要做的。」⑧

這固然不是溢美之辭，但問題是，一個外國學者，面對這年代

久遠，相關材料又浩如湮海的文獻，所能夠做到的，不可能處

處臻於至善；《書經注釋》九百餘條注釋中，仍有不少可以商

榷的地方，筆者不辭淺陋，將這九百餘條注釋，逐一探究，參

考了漢、唐、宋、清、近代和外國學者的解說，把高書中有問

題的地方提出，說明他的失誤，寫成了這本書。

　注釋

① 高本漢的《詩經》注釋，分三次在瑞典《遠東博物館館刊》
（*Bulletin of the Musuem of Far Eastern Antiquities*）發表：
《詩國風注釋》（Glosses on the Kuo feng odes）——第14
期，1942年；
《詩小雅注釋》（Glosses on the Siao ya odes）——第16期，
1944年；
《詩大雅與頌注釋》（Glosses on the Ta ya and Sung
odes）——第18期，1946年。
1960年，董同龢集高氏以上三篇注釋《詩經》的論文，合譯
為《高本漢詩經注釋》，由台灣中華叢書編審委員會出版。
此處用董氏全譯本的名稱。

② 有關高氏的著作，可以參考陳舜政所編的〈高本漢著作目
錄〉，見《書目季刊》第4卷第1期，1969年。

③ 見《書經注釋》，台北：中華叢書編審委員會，1970年，
〈原序〉，冊上，頁1。

④ 本論文在引用陳氏譯文之前，必先參對高氏英文原文，如譯
文有可疑，則附列高氏英文原文，以存其眞。

⑤ 同注③，頁7。

⑥ 同注③。

⑦ 見《詩經注釋》，台北：中華叢書編審委員會，1970年，
〈譯序〉，冊上，頁1—2。

⑧ 同上，頁4。

第二章　本論

一、曰若稽古帝堯曰放勳

高本漢對《尚書·堯典》「曰若稽古帝堯曰放勳」句的解釋，有這樣的看法：

「『曰』字或作『粵』，或作『越』（音值都讀作 *giwăt/jiwɒt/yüe）。此字是一個極普通的句首助詞，沒有意思。在《詩經》裏也常見到。『若』的用法情形差不多，經常地被用作一個句首語助詞。我們可以用《尚書》別篇裏的同一個字來做比較的研究。如《君奭》『若天棐忱』，『若』字顯然不是『如果』或『假使』的意思。《大誥》云：『越天棐忱』情形也是一樣的。『曰』（或『越』）或『若』必定不是有意思的字。它的用法，無非像是『惟』這一類的語詞而已（王引之《經傳釋詞》有說）。在我們討論的這句話裏，『曰若』兩字，實是一個句首雙音綴語助詞。這種說法，宋代的蔡沈已經提出，（他說『曰若』是『發語辭』）。蔡氏雖然把兩字合併起來講，但他仍想去附會『曰』字

在字面上的意思。因爲『曰』有『說』的意思；
『若』有『如此』、『好像』的意思，所以蔡氏說
『曰若』的意思是：『其說如此也。』就相當於現
在的人說：『是這麼講的……。』蔡氏這樣說，對
於『粵』或『越』，等於是置之不理，這樣一來，
《召誥》：『越若來三月。』這句話又怎麼能講得
通呢？很明顯地，《召誥》裏的『越若』也是一個
沒有意思的語助詞，這是無庸置疑的。」①

　　高氏對蔡沈（1167—1230）的批評，並不恰當。蔡氏《書
集傳》的原文是：

「曰、粵、越通。古文作粵。『曰若』者，發語
辭。《周書》：『越若來三月。』亦此例也。稽、
考也。史臣將敘堯事，故先言考古之帝堯者，其德
如下文之所云也。『曰』者，猶言其說如此也。
放，至也。猶《孟子》言『放乎四海』是也。勳、
功也。言堯之功大而無所不至也。……」②

　　《堯典》「曰若稽古帝堯曰放勳」一文，有兩個「曰」
字，從《書集傳》原文的意思看來，蔡氏將「曰若」說作虛
辭；「曰放勳」的「曰」則解爲「猶言其說如此」。高氏批評
蔡沈將第一個「曰」字附會爲「其說如此」，是高氏誤解了蔡
氏的說法。

注釋

① 見《書經注釋》，台北：中華叢書編審委員會，1970年9月，上冊，頁5—6。

② 見《書集傳》，上海：上海古籍出版社，1987年3月，頁1。

二、欽明文思安安

　　這句的解釋，高氏著意於「文思安安」四字之上。他引述《僞孔傳》和《蔡傳》對這四字的解釋時說：

> 　　《僞孔傳》是把「安安」兩字看成動詞，而「欽明
> 文思」則是它的主詞。所以照《僞孔傳》的說法，
> 這句話的意思是：「由於他的恭謹……（等等），
> 他便安定了（天下）。」蔡沈的說法似乎是更加地
> 自然。他把「安安」兩個字看作是一個形容詞與上
> 文的四個字是平行一致的。照他的說法，整句的意
> 思是「他恭謹、開明、有才藝、有思想，而又和
> 順。①

　　高氏的說話，於《僞孔傳》和《蔡傳》都有誤解的地方，現分述於後。

　　(一)　《僞孔傳》

　　「欽明文思安安」這句，《僞孔傳》是和上文「曰放勳」三字合解的，原文是：

> 　　「勳、功；欽、敬也。言堯放上世之功化，而以
> 敬、明、文、思之四德，安天下之當安者。」②

明顯地，《僞孔傳》的說法，第一個「安」字是動詞，第二個「安」字卻不是，這和高氏所說的「把安安兩字看成是動詞」不同。《僞孔傳》的意思是說：「（帝堯）用敬、明、文、思四種德行，去安定天下間應當安定的事物。」高氏說《僞孔傳》的意思是「他便安定了（天下）」，無疑抹去了這句第二個「安」字在句中的作用，並不合《僞孔傳》的原意。

（二）　　《蔡傳》

高氏說《蔡傳》把「安安」兩字解作「和順」，並且和「上文的四個字是平行一致的」，是誤解了蔡沈的說話。蔡沈《書集傳》的原文是：

「欽、恭敬也；明、通明也；敬體而明用也。文、文章也；思、意思也；文著見而思深遠也。安安、無所勉強也；言其德性之美，皆出於自然，而非勉強，所謂性之者也。」③

蔡沈的老師朱熹解釋「欽明文思安安」說：「安安又是箇重疊字，若小心翼翼，成性存存。言堯之欽、明、文、思，皆出於自然不勉強也。」④蔡沈的看法，師承朱熹，他的意思是：「帝堯的欽、明、文、思四種德行，是出於自然，而非勉強

的。」高本漢說蔡氏「把『安安』兩個字看作是一個形容詞，與上文四個字是平行一致的」，很明顯是錯解了蔡氏的說話。

在這句裏，高氏對《偽孔傳》和《蔡傳》有所誤解，但就「安安」兩字在句中的意思，他的看法仍然是可取的。

「安安」兩字，《尚書考靈耀》寫作「晏晏」⑤，鄭玄《注》說：「寬容覆載謂之晏。」⑥可見這句「安安」兩字，同時也有寫作「晏晏」的。在古代，「安」、「晏」通用，如《左傳‧哀八年》：「安孺子。」⑦《漢書‧古今人表》寫作「晏孺子」⑧。《爾雅‧釋訓》：「晏晏，柔也。」⑨《詩‧氓‧傳》：「晏晏，和柔也。」⑩高氏把「安安」解作「和順、溫厚、和睦」，是可以接受的，只是這個說法並不足以推翻朱、蔡的意見，在這情況下，朱、蔡和高本漢兩種不同的意見，應該並存。至於《偽孔傳》的說法，因爲不能照顧到「晏晏」這異文，所以價值便不如其他兩說了。

注釋

① 見《書經注釋》頁，上冊，頁9。

② 見《尚書正義》，《十三經注疏》本，台北：藝文印書館，1965年，冊1，頁19下。

③ 見《書集傳》，頁1。

④ 見《尚書語類》，收入《朱子語類》，台北：正中書局，
　　1962年，頁3221。

⑤ 《後漢書・馮衍傳・注》、《陳寵傳・注》引《尚書考靈耀
　　竝作「晏晏」。見《後漢書》，北京：中華書局，1975年，
　　頁993，1550。

⑥ 《後漢書・馮衍傳・注》、《郅惲傳・注》引。見《後漢
　　書》，頁993，1034。

⑦ 見《左傳正義》，《十三經注疏》本，冊6，頁1013上。

⑧ 見《漢書》，北京：中華書局，1975年，頁933。

⑨ 見《爾雅注疏》，《十三經注疏》本，冊8，頁55上。

⑩ 見《毛詩正義》，《十三經注疏》本，冊2，頁136下。

三、光被四表

高本漢認爲《堯典》「光被四表」的意思是：

「他廣泛地（覆蓋著）保有著四方各地。」①

高氏又說：

「現在附帶說一說下面的一句。下句（古文）作：

『格于上下。』（今文經作：『假于上下。』

『格』*klăk/kƆk/ko與『假』*kå/kɑ/kia/是同義

字。）意思應該是：『他達到了上天與地下。』也

就是說：『他從上天與下民那裏，得到了支持（原

意『愛戴』）。』」②

高氏是說《堯典》「光被四表，格于上下」這兩句說話的主詞

是堯帝本人。考「被」字的意思，《楚辭・宋玉・招魂》：

「皋蘭被徑兮。」③《注》：「被，覆也。」④《尚書・禹

貢》：「西被于流沙。」⑤《僞孔傳》說：「被，及也。」⑥

「被」字在古籍上有覆蓋、被及的意思是很普遍的；高氏從

「被」字的覆蓋的意思，引伸到「保有」、「佔有」的意思，

卻似乎過於輕率，因「被」字的這樣用法，並無實際的例證支

持。因此，「光被四表」句的解釋，高氏的意見，是令人頗有
疑慮的。

　　「格于上下」句，高氏爲了曲就他所提出的句子主詞，便
把一些經文原來所未必有的意思，都加進了這句裏面。這種增
字解經的做法，更難令人接受。

　　「光被四表，格于上下」句的意思，《僞孔傳》說：

　　　「光，充；格，至也。既有四德，又信恭能讓，故
　　　其名聞充溢四外至于天地。」⑦

《僞孔傳》以帝堯的美德作爲句子的主詞，既能夠令句子的意
思前後呼應，文意通順，又不必迂曲解說，增字解經。由此可
見，《僞孔傳》的說法，實較高氏可取。

注釋

① 見《書經注釋》，上冊，頁10。高氏在論證時說：「所以整
　　句的意思是：『他廣泛地（覆蓋著）保有四方各地。』這樣
　　地解說，不但合理，而且還有許多類似的例子可以支持這個
　　說法。詳論可參拙著《詩經注釋》第八九九條（《詩經・大
　　雅・公劉『思輯用法』條下。）《僞孔傳》認爲這一個子句
　　的主詞，是上文所說的那些美德，所以這句話的意思是說：
　　『（他的盛譽）廣泛地播散到（覆蓋）四方各地去』，但是

我們要是看了在拙著《詩經注釋》第八九九條下所列舉的其
他同一類型的語句，便可以知道主詞實在是『堯』本人。」
但是，在《詩經注釋》第八九九條下，高氏似無討論有關主
詞的問題，因此這裏也無從討論高氏的說法。

② 同上。

③ 見《楚辭章句》，收入《楚辭四種》，香港：廣智書局，頁
129。

④ 同上。

⑤ 見《尚書正義》，《十三經注疏》本，冊1，頁93上。

⑥ 同上。

⑦ 同注⑤，頁19下。

四、黎民於變時雍

　　《堯典》「黎民於變時雍」句，《漢書・成帝紀》引作「黎民於蕃時雍」①。高本漢討論這句的意思時，用了《漢書》所引的本子作爲根據。高氏認爲句中的「於」字，是「飫」的省文，而「飫」字則是「飫」的異體字；「飫」的意思是「饜足」。「蕃」有「豐盛」，「繁榮」的意思。因此這句說話的意思便是：「萬民得到充足的生養，並且都富庶，因此他們就和諧了。」②高氏說：

　　「王符（二世紀時人）《潛夫論・考績篇》，把這話解釋成：『堯養黎民而致時雍。』意思是「堯教養人民，使他們都能夠和諧。」……襄公二十六年《左傳》云：『加膳則飫賜。』意思是說：『當他們增加了菜肴，他們豐厚地贈給了（他們的大臣們）。（杜預《注》以爲『飫』就是『饜』的意思。）』飫賜』這句話，也見於《後漢書・馬融傳》裏，但是寫作『飫賜』。意思也是：「給予豐盛的食物。」『飫』字的異文作『飫』的，見載於古代文獻裏的，以此爲最早。但是上述王符對於《尚書》此句的解釋（『養』）卻顯示著，這種說

法，是漢代所流行的。所以王符才把『於』字
（ *.io/.iwo/yü）當作是『餘』字的省文。而『餘』
就是眾所熟知的古字『飫』（ *.io/.iwo/yü有『給予
豐盛食物』的意思）的異文。這也就是他何以要把
它解釋爲『養』的原因了。正像是我們上文的
『 釆 章』一樣，『 釆 』是『分辨』；『章』是
『榮耀』（給予分別的標準），兩個同樣的字合成
一個複詞。在這裏的兩個字——『於蕃』——也是
一樣。『於』即是『餘』，亦即是『飫』，有『給
予豐盛食物』的意思；『蕃』有『豐盛』、『繁
盛』等意思。所以『於蕃』也是一個由同義的關係
而構成的複詞。」③

高氏的論證，頗有可商榷之處。高氏以爲句中的『於』字，是
「餘」字的省文。在古書裏，除此之外，並沒有以「於」爲
「餘」的例子。「餘」字本身，不見於先秦古籍之中，最早見
載此字的字書，則是《玉篇》④，可見「餘」字可能是個頗爲
後起的字，以此作爲《尚書》原文的異文來解釋《尚書》，似
難以令人信服。

　　《堯典》這句話中的「變」字，有頗多不同寫法，屈萬里
《尚書異文彙錄》說：

「《漢書‧成帝紀》陽朔二年詔用此文，『變』作
『蕃』。《孔宙碑）『變』作『元』。《漢書‧
地理志》引作『卞』。內野本、足利本，並作
『軩』。《書古文訓》作『彩』。」⑤

在各種本子裏，「變」字有不同的寫法，但「於」字卻沒
有寫作「餤」或「飫」的，高氏的揣測，其是否可信，頗令人
懷疑。

《漢書‧成帝紀》引《堯典》此句，應劭《注》說：

「黎，眾也；時，是也。雍，和也。言眾民於是變
化，同是大和也。」⑥

應劭解「於」為「於是」。高本漢批評說：

「《漢書‧成帝紀‧注》引應劭（二世紀時人）的
話以為『於』即是『於是』的意思。此說很有些根
據，因為《爾雅》跟《詩‧毛傳》都有訓『爰』
（『於是』的意思）為『於』的話。而孫星衍索性
就說『於變』就是『爰變』。意思是：『於是變
了……。』話雖如此，但是實際上我們根本找不到
任何其他的例證，來證明『於』字本身，有『於
是』或是『爰』的意思。並且，《尚書》中習慣用
的介系詞都作『于』而不作『於』（*.io）。雖然
現在我們也可以看到在有些現行的板本裏，有作

　　　　『於』的；可是早期文獻中與本句解釋有同樣文法

　　　　作用的此字，都作『于』。這也是《尚書》用字的

　　　　慣例，作『於』的，應該都是錯字。⑦

高氏的批評，似乎過於主觀，因為在古籍裏面，「於」和

「于」的用法，是否真有如此嚴格的畫分，還是有爭論的。阮

元《尚書注疏校勘記》說：

　　　　「語助之於《尚書》，皆作『于』，惟《堯典》

　　　　『於變時雍』、此篇（案：指《金縢》篇）『為壇

　　　　於南方』及此兩句（案：指『乃流言於國』和『不

　　　　利於孺子』兩句）、《酒誥》『人無於水監，當於

　　　　民監』，各本並作『於』。薛氏《古文訓》亦然，

　　　　蓋傳寫舛錯，初無義例。」⑧

此外，本句中的「於」字，原來的本子是作「於」還是作

「于」，也有可議之處。段玉裁說：

　　　　「『於』，陸無音。《正義》釋以『於是』。或疑

　　　　本作『于』，衛包改之。玉裁按：蓋相傳舊本如

　　　　是，如《毛詩》『俟我於城隅』、『於我乎夏

　　　　屋』，皆作『於』也。兩變曰：『於予』，陸氏亦

　　　　不音『烏』。」⑨

由此可見，古書上的「於」字，似乎未必一定不能作「於是」解，也不必拘泥所謂於、于有別的義例。總的來說，應劭對《堯典》這句的解釋，較高說平易可取。

注釋

① 見《漢書》，冊1，頁312。

② 見《書經注釋》，上冊，頁16。

③ 同上，頁15—16。

④ 見《玉篇》，北京：中華書局，1987年，頁46下。《玉篇》以為飫同飫，意思是「食多也」。

⑤ 見《尚書異文彙錄》，台北：聯經出版事業公司，頁3。

⑥ 同注①。

⑦ 同注②，頁14—15。

⑧ 見《尚書正義》，《十三經注疏》本，冊1，頁197下。

⑨ 見《古文尚書撰異》，《皇清經解》本，台北：復興書局，1972年，頁6415下。

五、平秩東作

《堯典》「平秩東作」句，高本漢指出有四種不同寫法：

（Ａ）辯秩東作。鄭玄《周禮‧馮相氏注》①引；賈公彥《周禮‧疏》說《尚書大傳》作「辯秩」②；司馬貞《史記索隱》則說《尚書大傳》作「辯秩」③。

（Ｂ）便程東作。《史記‧五帝本紀》引④。

（Ｃ）平秩東作。《僞孔傳》⑤、趙歧《孟子‧萬章‧注》引⑥。

（Ｄ）苹秩東作。《釋文》引馬融說⑦。

高氏認爲（Ｃ）項的「平」字是「釆」字形近而譌的錯字，而（Ａ）、（Ｂ）兩項的「辯」和「便」，是「釆」字的借字。平、辯、便的解釋相同。「釆」有「分別」、「分配」、「安排」、「整頓」的意思，因此，「辯秩東作」的意思說：「整頓並訂定了東方的工作」⑧。至於（Ｄ）項的「苹」字，《釋文》說：「平，如字；馬作苹，普庚反，云：使也。下皆放此。秩，如字。」⑨據此，高氏以爲馬融對這句的解釋是：「製訂（促成了）了東方工作的規章。」⑩高氏的

意見是（A）、（B）、（C）、（D）四說都講得通，但是
（A）、（B）、（C）三項卻不能和（D）項相混，他說：

「《僞孔傳》與《廣雅》都有訓『辯』爲『使』的
說法。如果此說眞能得到充分的證實，我們對於
『　采，辯也。』這樣的訓解，當然是深信不疑
的。只不過在解釋此處的『　采　』字時，要認爲它
的意思是『使』，並且與馬融的本子（D項所引）
裏的『苹』是同義字，因而得把這句話說成：『製
訂（促成）了東方工作的規章。』但是我們看了下
文的討論之後，就會覺得訓『辯』爲『使』的說
法，是難以爲人接受的。」⑪

他的討論是：

「《尚書·酒誥》云：『勿辯乃司民湎于酒。』

（A）《僞孔傳》以爲『辯』就是『使』的意
思。（《廣雅》有同樣的說法。）把『勿』當作一
個普通命令語態的否定詞，又把『司民』講成『管
理人民的人』即是『官吏』的意思。所以整句的意
思是說：『不要使你的官吏們沈湎於酒。』⑫這個
說法雖然證據不足，但卻爲一般學者接受。在《書
序》裏有這麼一句話：『王俾榮伯作。』意思是
『王使榮伯去製作（組織）……。』《釋文》說馬

融的本子《書序》此句『俾』作『辯』。但是，這決不能證明『辯』是『俾』的同義字，或是也有『使』的意思。就馬融的本子來看，這句話的意思是：『王派遣（從『辯別』的意思裏引伸出來的）榮伯去製作（組織）。』

（B）蔡沈把『勿』字當作是一個普通的否定詞，（與『弗』字同）此字在早期文獻中經常出現。蔡氏又把《酒誥》的這句話讀成：『勿辯乃司，民湎于酒。』意思是說：『如果你不適當地整頓（安排）你的官吏，人民就會沈湎於酒了。』⑬《說文》訓『辯』為『治』，意思是『規定』，『安排』；也就是上文所說的『分辯』、『分配』、『安排』等意思。』⑭

他的結論是：

「綜上所說，B項是用了『 釆 』字最普通的意思。並且蔡沈又把整句讀成：『勿辯乃司，民湎于酒。』不但意思清楚而且在聲音節奏上也是很美的。B項之說，當然是最好的。」⑮

高氏的說法有值得商榷的地方：

(1)在A項裏，高氏將馬本的「辯」字解做「辨別」，於是「王辯榮伯作」一句的意思是：辯——→辨別——→派遣，由辨別引伸爲派遣，似覺牽強，整句的解法，也有點迂曲。

(2)在B項裏，蔡沈原來的說法是：「辯，治也。乃司，有司也，即上文諸臣百工之類。言康叔不治其諸臣百工之湎酒，則民之湎酒者，不可禁矣。」⑯蔡沈把「辯」訓作「治」，整句意思是：「（如果你）不管治你的官吏（沈湎於酒），人民就會沈湎於酒了。」這「管治」和高說「規定、安排」的含意有距離；而高氏不引蔡沈「辯、治也」之說，卻採《說文》，只使人覺得他在牽合己說。

(3)在B項裏，蔡沈的說法似不合《酒誥》篇的文意。《酒誥》一般同意是周公對康叔的誥詞，篇中用詞強硬，提及戒酒的說話十分嚴厲：

> 「予惟曰：『汝劼毖殷獻臣，侯甸男衛，矧太史
> 友，內史友，越獻臣百宗工。矧惟爾事，服休、服
> 采，矧惟若疇，圻父薄違，農父若保，宏父定辟，
> 矧汝，剛制于酒。』」⑰

對於百官，包括康叔在內，全要「剛制於酒」。這可見《酒誥》篇的用詞，近於命令語態。「勿辯」句是全篇的總結：

「王曰：『封！汝典聽朕毖，勿辯乃司民湎于

酒。』」⑱

整段語氣明顯強硬，並非蔡沈所說的婉然勸告。這段讀成：

「王說：『封啊！你要經常聽取我的教訓，不要使

你的官吏沈湎於酒。』」

較諸蔡說，更合乎原文語氣。⑲

　　從以上三項論述來看，高氏在《酒誥》篇「勿辯乃司民湎
于酒」句的論證，仍不足以推翻「辯」解作「使」的講法。段
玉裁《古文尚書撰異》說：

「古者平、辨皆訓使，如《雒誥》：『伻來以

圖。』《群經音辨》作：『平來以圖。』《漢書‧

劉向傳》亦作『平來以圖』。《雒誥》：『伻來來

示予。』漢人所引亦『辨來來示予』。《酒誥》：

『勿辯乃司民湎于酒。』《書序》『王俾榮伯

作。』馬本作『辨』。《詩‧桑柔‧傳》云：

『芔，使也。』《爾雅‧釋詁》云：『拼、抨，使

也。』《集韻‧十三耕》曰：『拼、抨、伻（疑當

作芔——原注）、平、芔六字同。』玉裁謂：平與

辨，清真之合；平與俾，清支之合也。《詩》、

《書》作從艸之芔、芔，皆字之假借也。」⑳

段說是也。「辯」訓「使」並無不合。高氏的意見，似有武斷之嫌；此外，就「辯秩東作」句看，似不見有訓「辯」為「使」的說法，高氏的假設和討論，令人費解。

注釋

① 見《周禮注疏》，《十三經疏》本，冊3，頁404下。

② 同上。

③ 見《史記》，北京：中華書局，1972年，冊1，頁18。

④ 同上，頁16。

⑤ 見《尚書正義》，《十三經注疏》本，冊1，頁21上。

⑥ 見《孟子正義》，《十三經注疏》本，冊8，頁164上。

⑦ 同注⑤。

⑧ 《書經注疏》，上冊，頁20。

⑨ 同注⑦。

⑩ 同注⑧。

⑪ 同上，頁20—21。

⑫ 《偽孔傳》原文是：「辯（據阮元《校勘記》正——著者），使也。勿使汝主民之吏湎於酒，言當正身以帥民。」《十三經注疏》本，頁211上、下。

⑬ 蔡《傳》原文參下引。

⑭ 同注⑧，頁21。

⑮ 同上，頁22。

⑯ 見《書集傳》，頁93。

⑰ 見《尚書正義》，《十三經注疏》本，冊1，頁210下。

⑱ 同上，頁211上。

⑲ 王世舜《尚書譯注》（修訂本）讀成：「王說：『封啊！你要經常聽取我的教訓，不要使你所統治的臣民喜好飲酒。』」（頁173。四川：四川人民出版社，1985年。）王氏把「辯」解做「使」，「司」解做「統治」於義亦通。

⑳ 見《尚文尚書撰異》，《皇清經解》本，冊9，頁6418上、下。案：段「辯」字皆寫作「辨」。

六、平秩南訛

「平秩南訛」句的「訛」字，傳統上有兩種不同解釋：

(一)　作「化育」解。《僞孔傳》用「平秩南訛」這個寫法，說：「訛、化也。掌夏之官，平敘南方化育之事，敬行其教，以致其功。」①

(二)　作「耕作」解。《史記‧五帝本紀》引有這句，張守節《史記正義》寫作「便程南譌」，說：「譌，音于僞反（高氏據《切韻》指出其應當讀作*ngwá—著者）。命羲叔宜恭勤民事，致其種殖，使有程期也。」②司馬貞《史記索隱》則寫作「便程南爲」，說：「爲，依字讀（高氏擬音作*gwia——著者）。春言東作，夏言南爲，皆是耕作營爲勸農之事。孔安國強讀爲『訛』字，雖則訓化，解釋亦甚紆回也。」③

對這兩種解釋，高氏採後一說，認爲「譌」應該是「工作」的意思，所以把整句講成：「整頓並訂定了南方的工作。」④他的理由是：

> 「不管《史記》作『譌』（*ngwá）也好，作
> 『爲』（*gwia）也好，都是不關緊要的，總之它們
> 的意思是一樣的。由於A項第(2)類（案：指張守節

之説──著者）所講的，得到了上文一個平行句子
──『平秩東作』──的證明，使我們很容易知道
『訛』＊ngwa（或『譌』）之有『作』的意思，是
沒有問題的（沙畹之説同）。我們此地還要加以説
明的是，把『訛』講成『轉變』，『變化』是由於
受到要配合『朔易』（寫冬季的部分）的影響，而
《僞孔傳》便以爲『訛』字就是『化育』（春季的
部分）的意思。於是就憑著想像造成了這麼一個平
行對稱的情形：用『譌』來對『易』。可是，我們
將在下文注1226條看到，『易』其實只是『工作』
的意思；與『作』，『譌』，『成』（收成）的意
思是一樣的。如此，通過所有這些平行對稱的字
義，都有利於A項第(2)類的解釋。」⑤

高氏的推論，有值得商榷的地方：

（一） 高氏的推論，只靠上下文的對稱比較，沒有實質的
證據；而且，在下文「平在朔易」句的討論知道，「朔易」二
字原本可能是寫作「伏物」，並無「工作」的意思，因此高氏
的論證並不可信。

（二）　就「平秩東作」這句的比較來說，高氏的看法也有疏漏之處，因爲《堯典》在這裏描述的景像，明顯的是隨季節轉變的：

平秩東作……以殷仲春……鳥獸孳尾……

平秩南訛……以正仲夏……鳥獸希革……

平秩西成……以殷仲秋……鳥獸毛毨……

平在朔易……以正仲冬……鳥獸氄毛……

春、夏、秋、冬四季按時遞進；方向、鳥獸毛皮亦合理地隨四季轉換，因此，有理由相信，農事也當據時變化。段玉裁《古文尚書撰異》說：

「依小司馬『強讀爲訛』之云，則知孔本經作『平秩南爲』。《傳》云：『爲，化也。』古音爲、化字同在第十七部。《老子列傳》曰：『李耳無爲自化，清靜自正。』爲、化一韻，靜、正一韻。凡爲之者，所以化之也。鄭君注『東作』曰：『作，生也。』然則『南爲』鄭必訓『化』；由生而化而成，，是禾之節次。《淮南・天文訓》曰：『禾不爲，菽麥不爲。』是也。小司馬直云『作、爲同義』，則『爲』混於『東作』。高誘注《淮南》曰：『爲、成也』則『爲』混於『西成』。作

> 《傳》未嘗不合古音古義，而淺人謂『爲』不得訓
> 『化』，必是孔讀作『訛』，衛包因徑改作『訛』
> 字，則言音義者誤之也。小司馬開元時人，其所據
> 尚是『南爲』。」⑥

段氏的推論頗合情理，而他「由生而化而成」的說法，正合
《作典》　節序。「平在朔易」句，《史記‧五帝本紀》引作
「便在伏物」⑦，司馬貞《史記索隱》說：

> 「使和叔察北方藏伏之物，謂人畜積聚等冬皆藏
> 伏。《尸子》亦曰：『北方者，伏方也。』《尚
> 書》作『平在朔易』。今案：《大傳》云：『便在
> 伏物』，太史公據之而書。」⑧

「伏方」即是「北方」，這與上東、南、西三方相配；而「伏
物」書莽傳積藏農作物，則和節序吻合。《漢書‧王莽傳》
說：「予之東巡⋯⋯以勸東作；予之南巡⋯⋯以勸南僞；予之
西巡⋯⋯以勸西成；予之北巡⋯⋯以勸蓋藏。」⑨「蓋藏」與
「伏物」義合。由此可見，《堯典》的「東作、南訛（爲）、
西秋、朔易（伏物）」似是指傳統農耕活動的春耕、夏長、秋
成、冬藏。《僞孔傳》把「南訛」說成「南北化育之事」，似
較其他的說法，更合《堯典》的意思。高說未可偏信。

注釋

① 見《尚書正義》，《十三經注疏》本，冊1，頁21上、下。

② 見《史記》冊1，頁18。

③ 同上。

④ 見《書經注釋》，上冊，頁24。

⑤ 同上，頁24—25。

⑥ 見《古文尚書撰異》，《皇清經解》本，冊9，頁6421下。

⑦ 見《史記》，冊1，頁17。

⑧ 同上，頁19。

⑨ 見《漢書》，冊12，頁4133。

七、厥民因

　　高本漢把前人釋「厥民因」句中的「因」字的意見，分成
四類：

一.　把「因」解作「因就」或「相因」，《僞孔傳》、孫
　　　星衍主之。①

二.　把「因」解作「析而又析」，蔡沈主之。②

三.　把「因」解作「就高」，江聲主之。③

四.　把「因」解作「茵」，取其「重覆」的意思，俞樾主
　　　之。④

高氏認爲上列四說，都有不合之處，因而認爲「因」字其實有
「抓住機會」，「利用適當的時候」、「善用良機」等意思，
「用來解釋《尚書》此句，對於它的上下文，極爲合適。在春
天，人民就散佈在整個兒的田野裏；到了夏天，人民就利用這
個適當的時候（充分利用此一良機）；秋天一來，大家就都休
息。所以『厥民因』的意思是：『人民就利用這個（適當的）
時間。』（發揮這一個季節的利用價值）。」⑤

　　高氏把前人的說法，全加否定，有失武斷之嫌，《僞孔
傳》的意見，實有可取之處，甚至可以說較高氏之說合理。

　　以下分別論述：

　　一.《僞孔傳》注解這句說：「因，謂老弱因就在田之丁壯以助農也。」⑥高氏批評說：「《僞孔傳》把這麼短短的一句話，說得如此這般繁富動聽，當然是不能令人心服的。」⑦高氏的批評顯得主觀和武斷，並無實質的證據來推翻《僞孔傳》的說法；而高氏本身解釋這句的說法，較諸《僞孔傳》，也不見得簡單直接。

　　《僞孔傳》解釋這句的最大錯失是加上了「老弱」這個經文原本所無的意思，俞樾《群經平議》說：「經文止言『厥民』，安知其爲老弱者乎？《傳》義似非《經》意也。」⑧俞氏的意見非常可取，「民」字應指一般農民而言。除了這一點，《僞孔傳》的意見，還是可取的。《說文》：「因，就也。從口大。」⑨段玉裁《說文解字注》說：

　　　　「『就』下曰：『就高也』爲高必因丘陵，爲大必
　　　　就基阯，故因從口大，就其區域而擴充之也。《中
　　　　庸》曰：『天之生物必因其材而篤焉。』《左傳》
　　　　曰：『植有禮，因重固。』『人』部曰：『仍，因
　　　　也。』《論語》『因不失其親』，謂所就者不失其
　　　　親。」⑩

徐灝《說文解字注箋》說：

　　「因，猶依也。大者，眾之所宗也，故從口大。」
　　⑪

孔廣居《說文疑疑》說：

　　「因，從口，從大。大，大人也。大人所居，眾必
　　圍就之，如舜所居一年成聚，二年成邑，三年成都
　　也。」⑫

可見「因」字本意為「依就」，引伸有「聚合」、「圍就」的
意思，用到「厥民因」這句裏，意思便是：「人民都聚合起來
（合力耕作）。」這樣說，文義也很通順；《僞孔傳》的解
釋，於理亦合。

　　二.蔡沈、江聲、俞樾三家的說法，就像高氏的批評，是有
他們的缺點，不能令人滿意；但是，高氏本身的說法，見上面
所引，也似乎犯了他說「繁富動聽」的毛病，也是不能使人信
服的。

　　從上文的討論可見，把「因」解作「就」（圍就、圍聚的
意思），在文義上是通順的，而對《堯典》整段的意思來說，
也是合理的。在春天，人民就「析」（離開家裏〔到田野去
了〕）；到夏天，人民就「因」（在田野圍聚〔合力耕
作〕）；析、因正好相對，也圓滿地描述了人民的活動；在秋

天，人民就「夷」（快活起來〔有了田穫〕）；在冬天，人民
就「奧」（躲入房屋〔禦寒過冬〕）；夷（快活、活躍），奧
（掩蔽、躲藏），也是相對的活動，和上文正好匹配。

　　總括來說，「厥民因」句「因」字，解作「圍就」，似乎
是眾多說法中最合理的一個，高說未可信從。

注釋

① 見《尚書正義》，《十三經注疏》本，冊1，頁21下；《尚
　　書今古文注疏》，北京，中華書局，1986年，上冊，頁19。

② 見《書集傳》，頁2。

③ 見《尚書集注音疏》，《皇清經解》本，冊6，頁4030上。

④ 見《群經平議》，《皇清經解續編》本，台北：復興書局，
　　1972年，冊20，頁15486。

⑤ 見《書經注釋》，上冊，頁28。

⑥ 見《尚書正義》，《十三經注疏》本，冊1，頁21下。

⑦ 見《書經注釋》，上冊，頁26。

⑧ 同注④。

⑨ 見《說文解字》，香港：中華書局，1972年，頁129下。

⑩ 見《說文解字注》，《說文解字詁林》本，台北：商務印書
　　館，1976年，冊7，頁2731。

⑪ 見《說文解字注箋》，《說文解字詁林》本，冊7，頁
2731。

⑫ 見《說文疑疑》，《說文解字詁林》本，冊7，頁2731。

八、鳥獸毛毨

高氏說：

「《說文》以爲『毨』字音義應該與『選』相同。（『選』字的音值爲 * siwan/siwän/süan ）有『選擇』的意思。那麼這句話是說：『鳥獸都長著極好的（看來像是精選過的）毛。』意思是說：適合用來供作實用之毛皮。此說也不免是想像之詞。因爲它的根據本是聲音的假借；但是『毨』與『選』在聲音上的關係極微，所以假借之說是不能成立的。」①

案：《說文解字》卷八上「毛」部說：「毨，仲秋鳥獸毛盛，可選取以爲器用。从毛。先聲。請若選。」②段玉裁《說文解字注》說：

「毨、選雙聲。《堯典》：『鳥獸毛毨。』《鄭注》：『毨、理也。毛更生整理。』《周禮》：『中秋獻良裘，王乃行羽物。』《鄭注》：『良，善也。仲秋鳥獸毛毨，因其良時而用之。』按：許說兼包鄭二義。」③

王筠《說文釋例》說：

「毵，讀若選。上文旣言選取矣，此亦兼意也。」
④

可見，許慎解釋「毵」字實兼二義：一、鳥獸毛盛；二、可選
取以爲器用。「選取」的含意則因「毛盛」而得，許慎解說
「毵」字，似仍取其「毛盛」的意思。這樣，高氏對許慎的批
評，便顯得失據了。此外，許慎說「仲秋鳥獸毛盛」，似是襲
用《堯典》「……以殷仲秋。厥民夷；鳥獸毛毵」句而來，這
更可說明許慎是用「盛」釋「毵」；「盛」字有「鮮亮」、
「光明」的意思，這和高說「鳥與獸都長著鮮亮光滑的羽、
毛」⑤，意義相同。

注釋

① 見《書經注釋》，上冊，頁32。
② 見《說文解字》，頁174上。
③ 見《說文解字注》，《說文解字詁林》本，冊9，頁3770a。
④ 見《說文釋例》，《說文解字詁林》本，冊9，頁3770b。
⑤ 見《書經注釋》，上冊，頁33。

九、平在朔易

　　高氏把「平在朔易」句的「朔」字解作「北方」，「易」
是「役」的假借字，是「工作」的意思；他說：

> 「『朔』原本只是『北方』的意思（這也是此字最
> 普通的意義）。它與所謂的『始』（開始）、
> 『伏』（貯藏）、『冬』（北方之季）等等，根本
> 就沒有甚麼關係。這一點可以很清楚地從這字上文
> 的幾段裏所說的『東…』，『南…』，『西…』的
> 平行用法上面看出來。『易』這個字，也不是甚麼
> 『改變』，『轉變』的意思。它的意思實在與
> 『作』（『工作』的意思），『譌』（『訛』字
> 同，有『行動』、『工作』的意思），『成』
> （『收成』，『成果』）的意思相近。而這些字，
> 顯然都是指人民的工作而言。『易』字，如果也像
> 上述的那些字一樣地有『工作』意思，那麼它必定
> 是『役』的假借字了。因為這兩個字的讀音完全一
> 樣（*diĕk/iäk/yi）。而『役』就是『工作』、『作
> 事』的意思。」①

高氏的說法，有可信的地方。「易」字在古書裏，有作「治
田」的意思，如《詩・小雅・甫田》：「禾易長畝。」②

《傳》：「易，治也」③陳奐《詩毛氏傳疏》說：「『易』有
蕩平之義，故《傳》詁『易』爲『治』，『治』者，謂除草離
本也。」④又如《孟子》：「夫以百畝之不易爲己憂者，農夫
也」⑤、「易其田疇」⑥等，也是以「易」爲「治田」。屈萬
里《尚書釋義》說：「治田曰『易』；《孟子》『深耕易
耨』、『易其田疇』，皆可證。『平在朔易』，言使民省察冬
日治田之事也。」⑦屈氏的說法正與高說同。

　　高氏的說法，誠然有據，不過在上文「平秩南訛」句的討
論看到，把「易」解作「工作」，似與《堯典》文意不合，⑧
同時忽略了這句的異文「便在伏物」。

　　根據現存引用《尚書大傳》的材料來看，「平在朔易」句
有其他兩種寫法：

(1)「辯在朔易」。《太平御覽・時序部》引，說：「《尚書
　　大傳》：『辯在朔易，日短。朔，始也。《傳》曰：
　　「天子以冬命三公，謹蓋藏閉門閭固封境入山澤田獵，
　　以順天道，以佐冬固藏也。」』」⑨

(2)「便在伏物」。《史記・五帝紀》引。⑩司馬貞《史記索
　　隱》說：「使和叔察北方藏伏之物，謂人畜積聚等冬皆
　　藏伏。《尸子》亦曰『北方者，伏方也』。《尚書》作

『平在朔易』。今案：《大傳》云『便在伏物』，太史

公據之而書。」⑪

對這兩種寫法，各家有不同的意見。江聲《尚書集注音疏》

說：

「《史記》云『便在伏物』，《索隱》謂『《大

傳》云「便在伏物」，太史公據之而書』，然則今

《大傳》作『朔易』者，乃後人所改，伏本實作

『伏物』，推之《尚書》當亦作『伏物』矣。」⑫

牟庭《同文尚書》的意見與江說同，他說：

「『伏物』，《僞孔本》作『朔易』，《五帝紀》

作「便在伏物」，《索引》引《書大傳》亦爲『便

在伏物』，今本《書大傳》作『辯在朔易』，似唐

後寫本，誤也。《大傳》稱曰：『天子以冬命三公

謹蓋藏閉門閭固封境入山澤田獵，以順天道，以佐

冬固藏也。』此說『伏物』之義，非是『朔易』之

理可知也。《大傳》出伏生今文，《五帝紀》出眞

孔古文，皆爲『伏物』；《僞孔本》蓋出東漢古

文，沿上經『朔方』字，誤『伏』爲『朔』，又以

字形相似，誤『物』爲「易」，非別有所據也。」

⑬

江、牟二氏都認爲《尚書》原當寫作「伏物」，「朔易」只是
後人所改。段玉裁《古文尚書撰異》則以爲「伏物」是今文
《尚書》的寫法，而「朔易」是古文《尚書》的寫法，他說：

> 「玉裁按：作『朔易』者，古文《尚書》；作『伏
> 物』者，今文《尚書》也。今本《尚書大傳》：
> 『辯在朔易，日短星昴。朔，始也。《傳》曰：天
> 子以冬命三公……。此易『朔易』二字乃淺人所
> 改，『朔，始也』三字亦淺人妄增；『命三公』云
> 云，所謂『辯在伏物』，絶無始易之意也。漢人多
> 用今文《尚書》，《王莽傳》曰：『予之東巡，以
> 勸東作；予之南巡，以勸南僞；予之西巡，以勸西
> 成；予之北巡，以勸蓋藏。』『蓋藏』即『伏物』
> 也。此今文《尚書》說也。又按：小司馬所引《大
> 傳》不誤，而《周禮・馮相氏・正義》云『辯秩東
> 作、辨秩南僞、辨秩西成、辨在朔易』，皆據《書
> 傳》而言。按：《書大傳》本云『伏物』，不云
> 『朔易』，鄭自用古文《尚書》耳。」⑭

皮錫瑞《今文尚書考證》則認爲「伏物」、「朔易」的不同，
只是《大傳》兼採兩說，他說：

> 「《御覽》引《大傳》作『辯在朔易』，與賈公彥
> 《疏》合，不得以『朔易』非《大傳》說；《史

記》作『便在伏物』，小司馬以爲據《大傳》，亦
不得以『伏物』非《大傳》說也。其所以異者，
《大傳》乃伏生沒後，歐陽、張生各記所聞，蓋亦
如三家今文互有同異，故『伏物』、『朔易』二本
不同。」⑮

陳喬樅《今文尚書經說考》則以爲「伏物」是「朔易」的詮
釋，他說：

「據《太平御覽》引伏生《大傳》『辯在朔易』明
云『朔易，始也』，則不得以『辯在朔易』爲非伏
生本《尚書》。其又作『便在伏物』者，當是伏生
兼載異文，如下所偁『《傳》曰：天子命三公以冬
謹蓋藏』云云，兼採舊傳之例耳。」⑯

上引各家的說法，都是根據《御覽》和《索隱》所引《大傳》
來推論，其中似以陳喬樅的說法最爲合理，因爲司馬貞「《尚
書》作，《大傳》云」的說法，明顯的看到司馬貞時的《尚
書》是寫作「平在朔易」，「便在伏物」句則似是《大傳》爲
「朔易」句的詮釋，而這正和《御覽》所引的《大傳》吻合。

　　但無論《尚書》這句是作「平在朔易」或「便在伏物」，
《大傳》都是將它視爲一種「冬藏」的農民活動。此外，這句
無論是「平在」或「便在」，都是用「在」字，這和上面三個

平行句子：「平秩東作」、「平秩南訛」、「平秩西成」等都
是用「秩」字，又有明顯分別。《堯典·疏》引《爾雅·釋
詁》說：

> 「《釋詁》云：『在，察也。』三時皆言「平
> 秩」，此獨言『平在』者，以三時乃役力田野，當
> 次序之；冬則物皆藏入，須省察之，故異其文。」
> ⑰

正好作這句有「冬藏」之意的一個旁證。

　　由於「便在伏物」這個異文有冬藏的意思，和上文「平秩
南訛」句的討論相配合，因此《孔疏》說：「『易』謂歲改
易。於北方者，人則三時在野，冬入隩室；物則三時生長，冬
入困倉，是人之與物，皆改易也。」⑱於理並無不合，可與高
說並存。

注釋

① 見《書經注釋》，上冊，頁35。

② 見《毛詩正義》，《十三經注疏》本，冊2，頁470上。

③ 同上，頁470下。

④ 見《詩毛氏傳疏》，台北：學生書局，1975年，上冊，頁
584。

⑤ 見《孟子注疏》，《十三經注疏》本，冊8，頁98上、下。

⑥ 同上，頁238上。

⑦ 見《尚書釋義》，台北：中國文化大學出版部，頁26。

⑧ 參本書第6條。

⑨ 見《太平御覽・時序・冬上》，北京，中華書局，1963，頁
　　123上。

⑩ 見《史記》，冊1，頁17。

⑪ 同上，頁19。

⑫ 見《尚書集注音疏》，《皇清經解》本，冊6，頁4031上。

⑬ 見《同文尚書》，濟南：齊魯書社，1981年，頁31—32。

⑭ 見《古文尚書撰異》，《皇清經解》本，冊9，頁6424下。

⑮ 見《今文尚書考證》，北京：中華書局，1989年，頁26。

⑯ 見《今文尚書經說考》，《皇清經解續編》本，冊16，頁
　　11939上。

⑰ 見《尚書正義》，《十三經注疏》本，冊1，頁25上。

⑱ 同上。

十、岳曰异哉

　　高本漢在討論《堯典》「岳曰异哉」句時，認爲句中的「异」字是「異」字的異文，引伸有「優秀」的意思。他解釋說：

> 「鄭玄（見《釋文》所引）把『异』讀成『異』（去聲）。這明白地表示，鄭玄認爲『異』字是一個異文。此説的例證是：《列子‧楊朱篇》云：『何以异哉？』意思是『有甚麼不同呢？』『异』當然就是『異』了。又：左思（第三世紀時人）《魏都賦》有『异乎』，而它的意思與「異乎」同。段玉裁認爲鄭玄的意思是把這句話講成：『多奇怪呀！』（等於是説：『你就是這樣的説嗎？』這是反駁堯對於鯀所作的批評。）很可能陸法言已經就這麼想了，因爲他在《切韻》裏説：『异哉嘆。』意思是：『「异哉」是一個感嘆的語詞。』但是按照劉榮宗（十九世紀人）根據《史記》所作的論説來看，鄭玄的意思並不是這樣的。司馬遷在《五帝本紀》裏並沒有解釋『异哉』這兩個字。可是在《史記‧夏本紀》裏，此句重出，他就把這句話説成：『等之，未賢于鯀者。』意思是：『把他

們都區分出等第來以後，知道沒有任何人比鯀更聰明。』這表示他把『异哉』講成了『與眾不同』的意思（『異哉』同），所以這句話就是說：『他是很（與眾不同的＝）優秀的。』」①

《說文解字》卷三上「廾」部說：

「𢌞、舉也。從廾，吕聲。《虞書》曰：『岳曰异哉』」②

段玉裁《說文解字注》說：

「《釋文》曰：『鄭音異。』於其音求其義，謂四嶽聞堯言驚愕而曰異哉也。謂异為異之假借也。」③

柳榮宗《說文引經考異》說：

「『鄭音異』者，古假异為異。《列子‧楊朱篇》：『何以异哉。』張湛注云：『异，古異字也。』《文選‧魏都賦》：『异乎交益之士。』劉淵林注云：『异、異也。』《史記‧堯本紀》云：『嶽曰异哉，試不可用而已。』《舜本紀》則云：『等之，未有賢于鯀者，願帝試之。』亦以异為異，此古文說。言鯀之才能異眾也。」④

高說似本段、柳之說，而段、柳之說則是根據鄭玄對「异」字的音讀⑤而建立的。但是，鄭玄將「异」讀作「異」，是不是

也等如說鄭玄將「异」字解作「與衆不同」的意思，卻頗令人

懷疑。朱士端《說文校定本》說：

> 「段氏《注》據陸氏《釋文》『鄭音異』，吕音求
> 義，是驚異之詞，吕异為異之叚借。不知鄭氏音
> 異，豈必吕異為訓乎？」⑥

朱氏所懷疑的，正是高說未可令人信服的地方。陳舜政說：

> 「金文『异』與「異」兩字，皆有保舉的意思，對
> 於《尚書》的文義很適合，高氏以『異』為『异』
> 之假借，又以『異』為『奇異』之義，不但說法膚
> 淺，而且在文義上也覺迂曲不適。」⑦

陳氏的意見，頗有道理。甲文「異」字作：

前五.三八.六	前五.三八.七	甲編三九四
甲編六五七	甲編一五五一	甲編一七三〇
乙一四九三	乙六八一九	京都二一四一⑧

金文作：

舀鼎	虢弔鐘	盂鼎
作册大鼎	召白	伯簋⑨

「異」字下半字形，在甲文、金文中，多作「　」之形，象

兩手奉物⑩，故其義亦得與「异」字相近。

　　從字形上來說，「异」字有「舉」的意思，是無用置疑的。許慎在解說「异」字時，引用了《堯典》這句話，文義亦極通順，在沒有其他異文和證據下，似乎不宜改換《堯典》原來的用字，加以迂曲的解說。高氏的解釋，用在《堯典》這句上，並不可取。

注釋

① 見《書經注釋》，上冊，頁60。高氏引柳榮宗說，誤作劉榮宗，當正。

② 見《誤文解字》，頁59上。

③ 見《說文解字注》，《說文解字詁林》，冊4，頁1130b。

④ 見《說文引經考異》，《說文解字詁林》，冊4，頁1131a。

⑤ 陸德明《經典釋文》說：「异，徐云：『鄭音異。孔、王音怡。』」見《十三經注疏·尚書正義》引，冊1，頁26下。

⑥ 見《說文校定本》，《說文解字詁林》，冊4，頁1130b。

⑦ 見〈讀高本漢《尚書注釋》〉，《文史哲學報》，第17期，頁277。

⑧ 見《甲骨文編》，頁104—105。

⑨ 見《金文詁林》，冊3，頁1462。

⑩ 有關「異」字初形所表示的意義的討論，參見《甲骨文字集
　釋》，頁803—827；《金文詁林》，冊3，頁1462—1471。
　此不贅引。

十一 、巽朕位

《史記・五帝本紀》：「堯曰：『嗟！四嶽：朕在位七十載，汝能庸命，踐朕位。』」①

高本漢說：

「司馬遷把這句話說成：『踐朕位。』這表示他是把『四岳』當作句子的主詞。所以『踐朕位』的意思就是：『你將踏上我的高位。』『踐位』就是通常一般所謂的『登基』、『君主的即位』，是一個普通的名詞。《禮記・明堂位》云：『周公踐天子之位。』（意思是！周公登上[踏上]了天子的位置。）；《禮記・中庸》云：『踐其位。』意思是：『他們佔據了[踏上了]他們的[祖先們]的高位。』孫星衍和朱駿聲都相信『巽』*swən/suən/sun在《尚書》這句話裏，是『踐』*dz'ian/dz'ian/tsien字的假借字。但是這在聲韻學上是根本講不通的。……事實上，我們有不少理由可以斷言司馬遷把《尚書》這句話，解說得走了樣。」②

孫星衍《尚書今古文注疏》：「史公『巽』爲『踐』者，巽、
踐聲相近。」③朱駿聲《說文解字通訓定聲》：「（巽借）爲
踐。《書・堯典》：『汝能庸命，巽朕位。』《史記》正作
『踐』」④高氏反對孫、朱二人巽、踐近通假的說法，認爲這
兩個字在上古的語音系統上，有頗大的距離，不可能假借。

　　案：高說未可從。王力《漢語史稿》說：「巽」字的語音
從上古到中古，是一個「不規則的變化：巽uan→uən（魂）」
⑤王氏的說法，似和實情相合。「巽」從「㔼」得聲，
「㔼」，《廣韻》：「士戀切」⑥，上古歸「寒」部。而以
「巽」作爲諧聲偏旁的字如：撰、饌（《廣韻》潸韻）、異
（《廣韻》諫韻）、譔、鐉、蟤（《廣韻》仙韻）、選、巽、
撰、僎、鰥、譔（《廣韻》獮韻）、選、玃、巽、蹼、纉、
襈、饌、腜、僎、譔、瓛（《廣韻》線韻）等，都是上古寒部
字，因此可以推想「巽」字本身在先秦的語音中，也應當和
「㔼」、選等字一致，同是「寒部」的字。

　　高氏將「巽」字的上古音擬作*swən，入上古「文」部，
顯然是單憑一般的語音發展情況來測擬的，並沒有考慮實際語
音變化中的特殊情形。

「巽」字在上古的語音系統裏既歸「寒」部，而「踐」字也歸「寒」部，二者便可以有通假的條件。《尚書》「巽朕位」一句，《史記》寫作「踐朕位」，視「巽」爲「踐」的假借字，在音理上，司馬遷的解釋是可以接納的，不可以司馬遷把這句話說得走了樣。

在這句解釋上，高氏採用了馬融「巽，讓也」⑦的說法，他說：

> 「馬融以爲『巽』就是『讓』的意思。這樣講，堯
> 就變成這一句的主詞了。那麼這句話的意思是：
> 『我將讓出我的高位。』」。⑧

《堯典》原文說：「帝曰：『咨，四岳，朕在位七十載，汝能庸命，巽朕位。』」⑨從行文來看，「巽朕位」的主詞，當是四岳；高氏的說法，頗有增字解經之嫌。《史記》將「巽朕位」說爲「踐朕位」，似更近《尚書》原意。

注釋

① 見《史記》，册1，頁21。
② 見《書經注釋》，上册，頁63—64。
③ 見《尚書今古文注疏》，上册，頁28。

④ 見《說文解字通訓定聲》，《說文解字詁林》本，冊6，頁
　　2011a。

⑤ 見《漢語史稿》，北京：科學出版社，1958年，上冊，頁
　　97。

⑥ 見《廣韻》，台北：藝文印書館，1976年，頁399。

⑦ 見《經典釋文》，《十三經注疏》本，冊1，頁28下。

⑧ 見《書經注釋》，上冊，頁64。

⑨ 見《尚書正義》，《十三經注疏》本，冊1，頁28下。

十二、師錫帝曰

　　《堯典》「師錫帝曰」一句，《史記》在轉載時，寫成「眾皆言於堯曰」①，將「師」解作「眾」。高本漢同意《史記》的說法，並且認為司馬遷用的「眾」字，是「民眾」，「群眾」，「所有的人」的意思，他說：

　　　　「司馬遷把『師』字說成『眾』。就是『民眾』、
　　　　『群眾』的意思。所以這句話是說『所有的人都
　　　　（提出來，呈送＝）對帝說。』把『帝』講成
　　　　『眾』是極為常見的。」②

高氏的意見，有三點值得商榷的地方。

　　第一、高氏以為《史記》的「眾」字，就是民眾，群眾的意思，只是他個人的主觀看法，並沒有具體的證據支持。在古書裏，「眾」固然有解作民眾和群眾，但亦有作群臣來講，例如《禮記・曲禮下》：「典司五眾。」③《注》：「眾，謂群臣也」④高氏的解釋，似欠客觀。

　　第二、歷來研究《尚書》的學者，都沒有把《堯典》這句的「師」字說成「民眾」、「群眾」的。

(i) 鄭玄：「諸侯之師。」⑤鄭玄沒有說明「師」字的意
　　思，不過他在注釋《益稷》「州十有二師」句時，說：
　　「師，長也」⑥「諸侯之師」，可能是說諸侯的領袖。
　　他在箋釋《詩・文王》「殷之未喪師」時，卻說：
　　「師、衆也」⑦因此，「諸侯之師」，也可能是說衆諸
　　侯們。但是，無論取何種說法，鄭玄都不將《堯典》的
　　「師」字泛指一般的群衆。

(ii) 王肅：「古者將舉大事，訊群吏、訊萬人；堯將讓位，
　　咨四岳使問群臣，衆舉側陋，衆皆願與舜。」⑧王氏亦
　　以爲「師」指群臣。

(iii) 《僞孔傳》：「師、衆。在下民之中，衆臣知舜聖賢，
　　恥己不若，故不舉，乃不獲已而言之。」⑨此亦以
　　「師」爲「衆臣」。

(iv) 《孔疏》：「堯計事之大者，莫過禪讓，必應博詢吏
　　人，非獨在位，王氏之言，得其實矣。鄭以師爲諸侯之
　　師，帝咨四岳，徧訪群臣，安得諸侯之師獨對帝也。」
　　⑩所謂「吏人」，亦不泛指一般群衆。

(v) 蔡沈：「師、衆。四岳、群臣、諸侯，同辭以對也。」
　　⑪也不是指一般群衆。

(vi) 牟庭：「『師錫帝』謂四岳同辭而與帝言，故爲羣衆
也。《僞孔傳》以爲衆臣，《鄭注》曰：『師爲諸侯之
師。』王肅云：『咨四岳使問羣臣。』皆非也。」⑫直
以「師」指四岳。

(vii) 屈萬里：「師，《爾雅・釋詁》：『衆也。』四岳，故
言衆。」⑬亦以師爲四岳。

其他學者如王鳴盛⑭、孫星衍⑮、曾運乾⑯等，都採用鄭玄的
說法。上引諸家的說法，在《堯典》這句說話裏都可以解得
通，所以沒有理由否定他們。

　　第三、《堯典》這裏記載的，很明顯是帝堯和四岳的對
話，現將原文抄錄：

帝曰：「咨！四岳。朕在位七十載；汝能庸命，巽
朕位。」
岳曰：「否德忝帝位。」
曰：「明明揚側陋。」
師錫帝曰：「有鰥在下，曰虞舜。」
帝曰：「俞，予聞。如何？」
岳曰：「瞽子；父頑，母嚚，象傲。克諧，以孝烝
烝，乂不格姦。」
帝曰：「我其試哉。」⑰

照行文來看，「師」字如解作「衆」，當係指「四岳」，如屈萬里所說：「四岳，故言衆。」又或四岳轉徵詢其他諸侯群臣，而衆口一辭，推舉虞舜，一如王肅所說，於文義亦可通。但是，從對話的情形來看，「師」字顯然不是泛指一般的人民群衆；照事理來說，當時向一般的群衆來徵取民意，也是不可能的。

從上述三點來說，高氏的意見，是不能成立的，失於主觀。

注釋

① 《史記》，冊1，頁21。

② 見《書經注疏》，上冊，頁67。

③ 見《禮記注疏》，《十三經注疏》本，冊5，頁81上。

④ 同上。

⑤ 見《尚書正義》，《十三經注疏》本，冊，頁29下。

⑥ 見《經典釋文》引。附《尚書正義》，《十三經注疏》本，冊1，頁71上。

⑦ 《毛詩正義》，《十三經注疏》本，冊2，頁537上。

⑧ 同注⑤。

⑨ 見《尚書正義》，《十三經注疏》本，冊1，頁28下。

⑩ 同上，頁29下。

⑪ 見《書集傳》，頁4。

⑫ 見《同文尚書》，上冊，頁56。

⑬ 見《尚書集釋》，頁16。

⑭ 見《尚書後案》，《皇清經解》本，冊6，頁4318上。

⑮ 見《尚書今古文注疏》，上冊，頁29。

⑯ 見《尚書正讀》，頁15。

⑰ 句讀據屈氏《尚書集釋》，頁15。

十三、愼徽五典

　　《堯典》「愼徽五典」句，「徽」、司馬遷說作「和」
①，馬融解作「善」②，王肅和《僞孔傳》則竝訓爲「美」
③。高本漢以爲遷說缺乏例證，馬、王、《僞孔傳》之說則是
「無稽之談」④。高氏認爲「徽」字在這句裏應解作「表明、
施展、表現、發揮」等意思，他說：

　　「另一說是，『徽』也有『旗子』、『旗幟』的意
　　思（在《禮記》與《左傳》裏有例子）。當然從這
　　一點，把它的意思引伸，就可以講成：『表明』、
　　『施展』、『表現』、『發揮』等等意思。所以這
　　句話是說：『他謹慎地施展（表明）那五種規
　　章。』用旗子這一類東西來比喻這種意思，古書之
　　中例子很多。如：襄公二十四年《左傳》云：『旌
　　善人。』意思是：『表揚好人。』但是『旌』就是
　　一種旗幟。又：莊公二十八年《左傳》云：『旌君
　　伐。』意思是：『表現君上偉績。』再如，
　　『旗』，也是『旗幟』的意思。閔公二年《左傳》
　　云：『衷之旗。』意思是：『這是忠貞的表現。』
　　綜上所述，只有C項（指此處所說──筆者）的說
　　法，最能合乎上下文義。」⑤

高氏的意見，有兩點值得商榷。

　　第一，《史記》，馬融、王肅、《僞孔傳》將「徽」字分別釋作和、善、美，三義實相近，並無歧異。《爾雅·釋詁》：「徽，善也。」⑥《詩·角弓》：「君子有徽猷。」⑦《毛傳》：「徽，美也。」⑧《詩·思齊》：「大姒嗣徽音。」⑨《箋》：「徽，美也。」⑩江聲：「《文選·文賦·注》引許叔重《淮南注》云：『鼓琴循弦謂之徽。』則徽故有調和之誼也。」⑪可見，「徽」解作和、善或美，於古有徵，且亦合《堯典》文意，所以沒有理由否定史遷等的解釋。

　　第二、高氏沒有舉出確實的例子證明「徽」字在古書上有用作「表揚」的意思，他所舉出的例子，只是在「旗幟」這個意義上和「徽」字有關連。他的論證，過於牽強，難令人信服。

　　高氏對這句的看法，顯然過於自信，而流於武斷。「慎徽五典，五典克從」，似以馬、王等的解釋爲合，意思是「（舜）謹慎地使五典美善（不違人情），於是人民都能夠尊從那五典。」

注釋

① 見《史記》，冊1，頁21。

② 見《釋文》引，《尚書正義》，《十三經注疏》本，冊1，頁34下。

③ 《僞孔傳》見《尚書注疏》，《十三經注疏》本，冊1，頁34下。《王注》同注②。

④ 見《書經注釋》，冊上，頁70—71。

⑤ 同上，頁71。

⑥ 見《爾雅注疏》，《十三經注疏》本，冊8，頁8上。

⑦ 見《毛詩正義》，《十三經注疏》本，冊2，頁504下。

⑧ 同上，頁505上。

⑨ 同上，頁561上。

⑩ 同上。

⑪ 見《尚書集注音疏》，《皇清經解》本，冊6，頁4035下。

十四、舜讓于德弗嗣

　　《堯典》這句說話，《史記》有兩處引用到，但有不同的寫法：

　　一、《五帝本紀》寫作：「舜讓于德不懌。」①《集解》引徐廣說：「音亦。《今文尚書》作『不怡』。怡、懌也。」②《索隱》說：「古文作『不嗣』，今文作『不怡』，怡即懌也。謂辭讓於德不堪，所以心意不悅懌也。」③

　　二、《自序》寫作：「唐堯遜位，虞舜不台。」④《索隱》：「台音怡，悅也。」⑤

　　在《自序》裏面，還有一句相類的說話，寫作：「惠之早實，諸呂不台。」⑥《集解》引徐廣說：「無台輔之德也。一曰怡，懌也，不爲百姓所說。」⑦

　　高本漢根據《史記》的文字和《索隱》、徐廣等說法，對《堯典》這句話的解釋，有以下的結論：

　　　　「《史記·自序》裏的『台』字（*diəg/i/yi）其實
　　　　是『怡』字省體。『台』與『怡』古音同。『怡』
　　　　就是『喜悅』的意思。（『台』又訓爲『懌』。這
　　　　是徐廣在《史記·自序》裏另一處的注解，《史

記》的原文是『不台』兩字。）所以，可以知道今
文的《尚書》此句作：『舜讓于德弗台（怡）。』
可是這一句話，卻有兩種解釋：(1)司馬遷認爲它的
意思是：『舜覺得自己的德行不足（自覺在德行方
面較遜色），所以就有些惶恐。』（謂：『對那個
讓他嗣位的提議，覺得不安』。）我們之所以知司
馬遷的『不台』有這種意思，是因爲他在一封信裏
就是把『不怡』當作『不悅』來講。《漢書·司馬
遷傳》引他的《報任少卿書》云：『主上爲之食不
甘味，聽朝不怡。』這必定是用了《尚書·堯典》
裏這一個詞。(2)徐廣這一派，是把這句話説成：
『不爲百姓所説。』意思是『人民不愛戴他。』所
以整句話的意思就是説：『舜自度德行不足，不會
爲人民所愛戴。』」⑧

高氏認爲《史記》記載了最古的經文與解釋，「旣簡單又通
順」，是應該採用的⑨。

現存的《僞孔傳》經文，這句寫作「弗嗣」，《僞孔傳》
的解釋是：

「辭讓於不堪，不能嗣成帝位。」⑩

將「嗣」解爲「繼承」。蔡沈有相近的説法：

> 「讓于德，讓于有德之人也。或曰：謙遜自以其德
> 不足爲嗣也。」⑪

高氏旣採用了《史記》的解釋，所以便否定了《僞孔傳》和蔡

沈的解釋，以爲他們的說法，「實在是很勉強的」⑫。

　　高氏的意見，有兩點值得商榷。

　　一、高氏明顯將徐廣解釋《史記・自序》另一句說話的意

思轉嫁到「舜讓于德不懌」這句上來說，頗有誤導之嫌。《集

解》所引徐廣的說話，看不到他和《史記》有不同的地方。陳

舜政說：

> 「……高氏據《太史公自序》『諸呂不台』下徐廣
> 所謂：『不爲百姓所說』一事，便含混地說徐廣記
> 『舜讓於德不懌』一語，也應當用同一說法，未免
> 斷章取義而曲解徐廣之說。就徐廣於《史記・五帝
> 本紀》下之言視之，徐也從《史記》之說，高氏不
> 當用他句之注語，以反駁之。」⑬

陳說是也。

　　二、高氏指斥《僞孔傳》、蔡沈的說法爲「勉強的」，但

卻沒有提出具體的論證，未免使人覺得主觀和武斷。段玉裁

《古文尚書撰異》說：

「《五帝本紀》作『舜于德于不懌』，徐廣曰：
『今文《尚書》作不怡，怡、懌也。』玉裁按：證
以《自序》兩言『不台』及《漢書·王莽傳》、班
孟堅《典引》皆作『不台』，則今文《尚書》作
『不台』。台者，怡也。太史公以故訓之字更之作
不懌。」⑭

徐廣說「今文《尚書》作不怡」，可以推想今見經文作「弗
嗣」，是古文經的寫法，段玉裁說「此文字異者七百有餘之一
也」⑮，是可信的。段氏又說：

「台聲、司聲，古音同在第一之咍部，是以《公
羊》『治兵』作『祠兵』；《韓詩》『嗣音』作
『詒音』。」⑯

台、嗣古音相近，在當時經書以口耳相傳授出現兩種不同的寫
法，是不難想像的。《堯典》這句今傳的版本寫作「嗣」，
《爾雅·釋詁》：「嗣，繼也。」⑰整句的意思是：「舜自覺
德行不足（因而要讓位給有德行的人），於是拒絕繼承帝
位。」⑱近人楊筠如、曾運乾、周秉鈞、屈萬里、王世舜等
⑲，都採用這個說法，於文義也很通順。兩種寫法都可以切合
上下文義，兩者之間又難以考定孰古孰後，自應並存而不廢，
高氏武斷地否定「嗣」字的寫法，難以令人信服。

注釋

① 見《史記》，册1，頁22。

② 同上，頁23。

③ 同上。

④ 同上，册10，頁3301。

⑤ 同上。

⑥ 同上，頁3302。

⑦ 同上，頁3303。

⑧ 見《書經注釋》，上册，頁81—82。

⑨ 同上，頁83。

⑩ 見《尚書正義》，《十三經注疏》本，册1，頁34下。

⑪ 見《書集傳》，頁4—5。

⑫ 同注⑧，頁82。

⑬ 見〈讀高本漢《尚書注釋》〉，《文史哲學報》，第17期，頁278。

⑭ 見《古文書撰異尚》，《皇清經解》本，册9，頁6437下。

⑮ 同上，頁6438上。

⑯ 同上，頁6438下。

⑰ 見《爾雅・釋詁》，《十三經注疏》本頁，册8，頁10上。

⑱ 自覺德行不足，不能繼承帝位，自有辭讓給有德行的人的想法，所以《僞孔傳》和蔡沈的說法，沒有根本的區別，不必如高氏般分爲二說。

⑲ 分見楊氏《尚書覈詁》，頁17；曾氏《尚書正讀》，頁17；周氏《尚書易解》，頁14；屈氏《尚書今注今譯》，頁10；王氏《尚書譯注》，頁11。

十五、協時月正日

《堯典》「協時月正日」句，高本漢有以下的看法：

> 「『協時月正日』這種句法，應該與下文的『同律
> 度量衡』及『修五禮五玉』是平行的。這可以看
> 出，只有每一句的第一個字才是動詞，其他的字都
> 是這個動詞的受詞。所以這句話的意思是：『他協
> 調了四季，各月份和那些正確的日子。』換句話
> 說，就是：他訂定了四季確實起始的時間，月份的
> 數目（有閏月或是無閏月的），以及每一個月裏正
> 確的天數（二十九天或三十天）。」①

高氏的看法的根據，只在於三個相連的句子的平行關係；從以
下四點的討論，可以見到，高氏的根據，是難以成立的。

一、高氏認爲「協時月正日，同律度量衡，修五禮五
玉……」三句相連句子的第一個字都是動詞，這看法未免流於
主觀，因爲「同律度量衡」句中「同律」二字，江聲和孫星衍
都認爲應該是一個複詞，即《周禮》裏面的「六律六同」②，
而高氏也不能指出,這個看法本身有不合理的地方，他說：

> 「C：江聲跟據孫星衍把『同律』當是一個複詞，
>
> 就是『（音）律管』（六同六律）。《周禮・大司

　　樂》及《典同》都有『六律六同』的説法。『律』
　　與『同』都是『律管』。（好像鄭玄也有這種看
　　法，雖然他的注文傳到後來成爲好幾種分歧的説
　　辭。）如果此説屬實，那麼這句話裏就沒有動詞，
　　並且也是跟上文連在一起來講才行。所以整句就變
　　成：『協時月正日、同律、度量衡。』意思是：
　　『他協調了四季、各月份和適當的日子、以及律
　　管、丈量、容量、重量的規格。』由以上可以看
　　出，C項的説法，只就其本身言之，當然是很通順
　　的……」③

江、孫的解釋，於古有徵，放在《堯典》這裏，於上下文義，
也很通順，似乎不應遽予否定，可見高氏以爲「只有每一句第
一個字才是動詞」，是武斷的想法，不可確信。

　　此外，高氏所舉的三個相連的句子的最後一句「修五禮五
玉」以下，其實還有「三帛、二生、一死，贄」與之相屬，因
此，這句明顯的不是和「協時月正日」句平行的，而高氏也不
應該以此作論證的根據。

　　二、高氏平行句的説法，從三句句子本身來看，也是不能
成立的，因爲三句中的組成成份，也不是對等平行的。現以高
氏的讀法，分析如下：

第一句：協時、月、正日

第二句：同律、度、量、衡

第三句：修五禮，五玉

三句的組成成份，各不相對，高氏用平行的角度來分析，未免流於牽強。

　　三、高氏將「正日」解作「正確的日子」，使之成爲首句動詞「協」字的受詞。高氏這樣做，使這句的意思變得重複和不合理，因爲「協」字本身已經包含了「使正確」的意思，「日」字前再重複「正確」一義，句意便顯得不合了。高氏如果不牽於平行句式的束縛，採用鄭玄、《僞孔傳》或蔡沈的解釋，便可以把這句講得恰當些。鄭玄說：「協正四時之月數及日名，備有失誤。」④《僞孔傳》說：「合四時之氣節，月之大小，日之甲乙，使之齊一也。」⑤蔡沈說：「時，謂四時；月，謂月之大小；日，謂日之甲乙……諸侯之國，其有不齊者，則協而正之也。」⑥三說相近，皆合《堯典》原文的意思，高氏實在沒有理由加以否定。

　　四、《禮記‧王制》：「考時月定日。」⑦「定」有訂定的意思，《禮記》寫法，可以作爲《堯典》「正日」不作「正確的日子」解的一個旁證，高氏之說，稍欠周遍。

　　　從以上的討論，可見高氏的說法，欠缺例證支持，流於主觀，難以令人首肯。

注釋

① 見《書經注釋》，上冊，頁96。原文句首引《堯典》作「協時正日」，脫「月」字，今補正。

② 江聲《尚書集注音疏》說：「《周禮》：『大師掌六律六同以合陰陽之聲，陽聲黃鍾、大蔟、姑洗、蕤賓、夷則、無射，陰聲大呂、應鐘、南呂、函鐘、小呂、夾鐘。』又：『典同掌六律六同之和，以辨四方陰陽之聲。』故書同作銅。鄭仲師《注》云：『陽律以竹爲管，陰律以銅爲管。竹，陽也；銅，陰也。各順其性。』康成《注》云『律，述氣者也；同，助陽宣氣與之同，皆以銅爲之。』是律爲陽，同爲陰也。《漢書‧曆志》云：『律十有二，陽六爲律，陰六爲呂。』是六同又名六呂。」（《皇清經解》本，冊6，頁4039上）孫星衍《尚書今古文注疏》所說與江氏同（見其書上冊，頁43—44），不贅。《周禮》所說的「六律六同」，分見《大師》及《典同》二篇（《十三經注疏》本，冊3，頁354、359。

③ 見《書經注疏》，上冊，頁97。

④ 《史記集解》引，見《史記》，冊　，頁26。

⑤ 見《尚書正義》，《十三經注疏》本，冊1，頁38上。

⑥ 見《書集傳》，頁6。

⑦ 見《禮記注疏》，《十三疏注疏》本，冊5，頁226下。

十六、如五器卒乃復

　　對《堯典》「如五器卒乃復」句中的「器」字，高本漢有
以下的解釋：

　　「『器』字常常有『能力』、『才能』的意思。英
　　文中有 capacity 一字，它的意義是『所含蘊的力
　　量』。所以 capacity 就可以引伸有：『才幹』
　　（corpability）、『資格』（qualification）的意思。
　　因此『器』字的意思也未嘗不可以用這種方式來推
　　演，使它有『資格』、『才能』這種意思。《禮
　　記・王制》篇云：『百工各以其器食之。』意思
　　是：『各種工匠，按照每個人的才能（資格），來
　　給他們薪金』《老子》云：『大器晚成。』意思
　　是：『偉大的才能，得經過長期才可以完成。』
　　《論語・八佾》篇云：『管仲之器小哉。』意思
　　是：『管仲的才能是很小的呀！』又《論語・子
　　路》篇云：『其使人也器之。』意思是：『他用人
　　的時候，是按照他們的資格的。』《尚書》本句所
　　寫的，是不同階級的諸侯，把不同的禮物獻給帝
　　舜。所以『三帛、二生、一死、贄，如五器』，這
　　句話的意思就是說：『三種絲料，兩種活動物，一

種死動物，這些都是奉獻的禮物，它們是按照那（公、侯、伯、子、男）的五等資格（來分別獻上）的。』最後一句話『卒乃復』，與上文意義不相關連。『卒乃復』是整個這一段話的一個結尾。鄭玄是把這句話講對了。他以爲『卒復』就是『（巡守禮）畢，乃反歸矣。』（意思是『在都完畢的時候，他就回去了。』）」①

案：高氏以「器」字引伸爲「才能」，再引伸爲「資格」講，頗嫌牽強，他所舉的例子，也未見恰當。《禮記・王制》：「百工各以其器食之。」②《鄭注》：「器，能也。」③《孔疏》：「因其各有所能，供官役使以廩餼食之。」④這是說各按不同的技能去做不同的工作，來換取官府的供養；原意無資格高低的分別，不必將「器」字引伸作「資格」講。《老子》「大器晚成」一例，只作「才能」解，無「資格」之意。《論語・八佾》：「管仲之器小哉。」⑤《何注》：「言其器量小也。」⑥高氏誤解此句。又《子路》：「其使人也器之。」⑦《何注》：「度才而官之。」⑧「器」字在這裏作「量度」解，高氏的解釋明顯走了樣，有誤導之嫌。「五器」作「五等資格」解，實欠例證支持，高說難以成立。

　　今考《尚書大傳》曰：「諸侯執所受圭與璧以朝於天子，無過者得復其圭以歸其國。」⑨馬融曰：「五器，上五玉。五玉禮終則還之，三帛已下不還也。」⑩丁度《集韻》：「如、乃個切，若也。《書》曰：『如五器，卒乃復。』鄭康成讀。」⑪曾運乾曰：「按：如猶若，與上文爲轉語也。三帛三贄不還，五玉則卒事而還。《大傳》所謂無過行者，復其圭以歸其國。」⑫周秉鈞曰：「按：如，而也，承接連詞。見《經傳釋詞》。五器即上文之五瑞。卒乃復者，馬融曰：『于玉，禮終則還之，三帛以下不還也。』《尚書大傳》曰：『諸侯執所受圭與璧以朝于天子，無過行者得復其圭以歸其國』，即其事也。」⑬所說於經上下文義通順，較諸高說爲合理。

注釋

① 見《書經注疏》，上冊，頁102。

② 見《禮記注疏》，《十三經注疏》本，冊5，頁267上。

③ 同上。

④ 同注②。

⑤ 見《論語注疏》，《十三經注疏》本，冊8，頁30下。

⑥ 同上。

⑦ 同上注⑤，頁119下。

⑧ 同上。

⑨ 見《尚書大傳輯校》，《皇清經解續編》本，冊6，頁4115
　　上。

⑩ 見《史記集解》引，《史記》，冊1，頁27。

⑪ 見《集韻》，上海：上海古籍出版社，1985年，頁590。

⑫ 見《尚書正讀》，香港：中華書局，1976年，頁20。

⑬ 見《尚書易解》，長沙：岳麓書社，1984年，頁17。並參考
　　王引之《經傳釋詞》，香港：太平書局，1974年，頁148—
　　153，327—331。

十七、咨十有二牧曰

《堯典》這句，高氏有以下的看法：

「在《堯典》裏，『咨』字在許多同類句子中的用法，都同樣是一個感嘆詞。特別重要的，是在這一篇末段的地方，有一句話與此句幾乎是完全一樣的。那句話是：『帝曰，咨汝二十有二人。』意思是：『帝說：啊！你們這二十二位（個人）。』可是緊接著我們本句的下文那句話，也有同樣的句構。那句話作：『舜曰，咨四岳。』意思是：『舜說：啊！你們四岳。』（這句話在《堯典》裏面共四見）。又：在本篇的前段裏，有這麼一句話：『帝曰，咨；汝羲暨和。』意思是：『帝說：啊！你們羲與和。』根據這些例子來看，《僞孔傳》本的此句，在字句方面，顯然有誤倒的地方。這句話實在應該作：『曰，咨，十有二牧。』意思是：『他說：啊！你們十二位牧。』所以『咨』的意思並不是『商量』、『諮商』，它只是通篇都用的一個感嘆詞。」①

高氏的看法頗有見地，但將經文倒亂來遷就己說，卻大可不必。曾運乾說：

　　　「咨、嗟而勑之也。……曰者，嗟咨而言於州牧

　　　也。」②

周秉鈞說：

　　　「咨，嗟也，嘆詞。……舜欲告牧，先嗟而呼

　　　之。」③

曾、周二氏的說法，切合經意，又不須移動經文字句，較諸高

氏的意見爲合理。

注釋

① 見《書經注釋》，上冊，頁123。

② 見《尚書正讀》，頁23。

③ 見《尚書易解》，頁20。

十八、五品不遜，汝作司徒，敬敷五教

　　《堯典》這句說話，在古書上，有兩處引用到：

　　A·《左傳·文公十八年》：「舜……舉八元，使布五教于四方，父義、母慈、兄友、弟共、子孝，内平外成。」①高氏認爲《左傳》是說：「那五等品類（父、母、兄、弟、子），都不順馴；你將作司徒之官，並謹慎地宣揚那五種教訓（使五品之人能夠義、慈、友、恭、教）。」②

　　B·《孟子·滕文公》：「使契爲司徒，教以人倫，父子有親，君臣有義，夫婦有別，長幼有敍，朋友有信。」③高氏認爲《孟子》的意思是：「那五種（社會關係）類別（倫常）都沒有順馴地被遵守……你將作司徒之官，並敬謹地宣揚那五種教訓（關於那五種倫常的原則的教訓）。」④

　　對這兩種說法，高氏採用了《左傳》的意思而否定了《孟子》的說法。高氏說：

　　　「這很清楚地可以看出，A項的說法，在語義上是最合邏輯的。上句說：『百姓不親。』這個情形之所以會發生，問題就是出在『五品不遜』上面。所

以它（Ａ說，《左傳》同）便明白地列舉了家庭中的所謂『五品』，也就是『父、母、兄、弟、子』。而Ｂ項的說法，是把『五品』講成了『五倫』（人類的五種關係），並且『遜』字的用法是動詞，主詞是『五品』。這種講法，實在不免牽強附會。」⑤

案：高氏的意見，流於主觀，欠缺合理的例證支持事實上，《左傳》和《孟子》都是就本身的經義為說，放在《堯典》本句來說，兩說都可以講得通順，沒有強分優劣的必要。

注釋

① 見《左傳正義》，《十三經注疏》本，冊6，頁353下—354上。

② 見《書經注釋》，上冊，頁134。

③ 見《孟子注疏》，《十三經注疏》本，冊8，頁98上。

④ 同注②。

⑤ 同注②，頁134—135。

十九、五刑有服，五服三就

　　高本漢對《堯典》這句話的解說，有兩點值得商榷：其一，他曲解了《國語‧魯語》的記載；其二，他對這句的解釋，失於武斷。以下分就上述兩點討論。

一、

　　《國語‧魯語》載臧文仲論用刑之道：

> 「刑五而已，無有隱者，隱乃諱也。大刑用甲兵，其次用斧鉞，中刑用刀鋸，其次用鑽笮，薄刑用鞭扑，以威民也。故大者陳之原野，小者致之市朝，五刑三次，是無隱也。」①

韋昭在「小刑致之市朝」下注曰：「刀鋸以下也。其死刑，大夫以上屍諸朝，士以下屍諸市。」②在「是無隱也」下注曰：「五刑：甲兵、斧鉞、刀鋸、鑽鑿、鞭扑也。次、處也。三處，野、朝、市也。」③據《韋注》所說，是當時用刑有五個層次，因不同的情況，分在三處不同的地點執行。高氏不同意《韋注》的解釋，他說：

> 韋昭注《國語‧魯語》臧文仲的話，又誤解了『五刑三次』這句話。他不知道此處的『三次』，意思跟同上篇上文裏所說的『其次』是一樣的。因此他

說『次』的意思是『處』。就是那些行刑的地方。
所以『三次』（當然照他的說法，也就是『三
處』）是指上文的這些地方說的：(1)原野。(2)市。
(3)朝。韋昭又說，對那些高級貴族們（大夫以上
的）施行刑罰時，應該在『朝』（『宮院』）；對
那些一般的貴族（士以下的），就在『市』（『市
場』）的地方行刑。江聲看見了韋昭的這種臆測之
說，便信以為真，所以他就把『五服三就』裏的
『就』字講成『次』；意思就是『處』（『地
方』），（江氏只是按著《國語》韋昭《注》，依
樣畫葫蘆）因為『就』本有『去』的意思；引伸便
有『預定地』、『目的地』的意思。那麼就是犯人
要接受刑罰的地方。所以我們若從江聲發揮《國
語・魯語》及韋昭《注》這一點上看，那麼《尚
書》此句的意思就是：『那五種刑罰，各有它們適
用情況；而這五種適用情況，又要在三種地方來施
行（就是：原野、市、朝）。』我們很容易看出
來，這樣講是何等的誤謬：在文中已經知道受刑的
官員暴露在『市』或『朝』裏，（我們先撇開《國
語》說教的話不談）可是《國語》所說的一些較輕
的刑罰，如斷肢、鞭打之類，究竟它們又要在甚麼

　　地方行刑呢？這樣講無論如何是不能自圓其說

　　的。」④

又說：

　　「所謂『三次』，意思是：『三個等次（三個接續

　　的層次）。』也就是說：『大刑』、『中刑』、

　　『薄刑』這三種層次。」⑤

高氏將「次」解作「等次」，很明顯是錯誤的。《國語》的記

載，先是說「刑五而已，無有隱者，隱乃諱也」，其後又說：

「五刑三次，是無隱也。」可見當時刑罰的執行，注重公開，

而不是隱密的。因此，「五刑三次」的「次」字，韋昭解作

「處」，意指三處公開行刑地點，是合理的，也切合文意。高

氏將「次」字說作「等次」，則和下文「無隱」兩字，難以連

接，明顯有誤。此外，據臧文仲所說，當時的刑罰，是因爲罪

行的輕重，分成甲兵、兵鉞、刀鋸、鑽鑿、鞭扑等五種程度，

也即是有五個「等次」。高氏爲了牽就自己的說法，硬將這五

等歸爲三等，這是難以令人信服的。高氏以爲《國語》沒有提

及輕刑施行的地方，是不圓滿的，因而反對韋昭的說法。事實

上，這是高氏本身的疏忽，因爲《國語》文中已說明「小者致

之市朝」，是說那些輕刑，如刀鋸、鑽鑿、鞭扑等，是在市或

朝執行的。又據《韋注》，死刑（即斧鉞）的執行，大夫以上在朝，其餘則在市。可見，當時刑罰執行的地方，還是分得很清楚的，高氏的懷疑，是無理的。

<h2 style="text-align:center">二、</h2>

高氏對《尚書》「三就」一詞，有以下的解釋：

「『就』字的意思就是『接近』。進一步講就是『使適應某種情況或環境』，『變通』。這種用法的例證，在《尚書・秦誓》中就有。《秦誓》云：『未就予。』意思是：『他們沒有使自己適應於我。』又：哀公十一年《左傳》云：『就用命焉。』意思是：『他變通地服從命令。』即使在通行的《國語》裏也可以找到例證。如：大家現在常說的『將就』，『就』字便有『變通』，『適應』的意思。可見『就』字是有『因便制宜』這一類的意思。所以『三就』的意思就是『三種變通的條例。』所以，『五刑有服，五服三就』這句話的意思是說：『那五種刑罰各有它們適用的情況。在這五種適用的情況裏，有三項變通的條例（就是加重、減輕或赦免犯人的罪）。』⑥

高氏的解釋，頗嫌牽強，所舉的例證，亦不能成立。《秦誓》：「未就予。」「就」字在這裏當作「接近」解，高說迂曲。《左傳》哀公十一年：「就用命焉。」《杜注》：「雖年少，能用命。」⑦「就」字作「能」解，高氏誤解此句。現代漢語中的「將就」，有勉強遷就的意思，和「變通」、「適應」在意義上頗有差別，高氏混爲一談，未可取信。

　　由以上的討論，可知高氏的解釋，是缺乏例證和失於武斷的。至於「五刑有服，五服三就」的解釋，《僞孔傳》說：

　　「行刑當就三處，大罪於原野，大夫於朝，士於
　　市。」⑧

《孔疏》則說：

　　「馬、鄭、王三家皆以三就爲原野也、市朝也，甸
　　師氏也。」⑨

傳統的解釋是將「三就」解作行刑的地方，這樣是合理的；至所指的是那三處地方，則難以考定了。

注釋

① 見《國語》，上海：上海古籍出版社，1978年。上冊，頁
　　162。
② 同上，頁163。

③ 同上。

④ 見《書經注釋》，上冊，頁136

⑤ 同上。

⑥ 同上，頁138。

⑦ 見《左傳正義》，《十三注疏》本，冊6，頁1016上。

⑧ 見《尚書注疏》，《十三經注疏》本，冊1，頁45上。

⑨ 同上。

二十、愼厥身修思永

高本漢解釋《皋陶謨》「愼厥身修思永」句說：

「本句最早的解釋，可以說是《漢書・元帝紀》裏
所記載的一篇詔書（這篇詔書作於元帝永光四年，
即西元前三十九年）中的一句話。詔書云：『愼身
修永。』此話毫無問題地是引述了《尚書》此句。
我們看這個句子，可以想到，詔書的作者好像是把
《尚書》此句讀成：『愼厥身，修思永。』孫星衍
指出『思』字與『厥』字都同樣是『語詞』。這個
說法無疑是對的。否則，永光四年詔書的作者也不
會就那樣輕易地把它們（『思』、『厥』）省略
了。由『愼厥身』（『他應該謹愼於自身』）這句
話上去類推，『修』字很像是一個動詞的用法（與
上半句的『愼』字作用一樣），而『永』字則像是
受詞（與上半句的『身』字作用一樣）。那麼『修
永』就像是說：『修養那永恒（的道理）。』但是
這種把『思』字略去的講法，事實上是很難成立
的。因爲『思』字，當作語詞來用的時候，不是在
句首便在句末，絕少在句子當中出現。……並且它
也沒有介於動詞與受詞之間的這種用法。因此這樣

的句構確是很異常的。在《詩經·大雅·桑扈》篇裏有句話說：『旨酒思柔。』意思是：『好酒是柔和的。』『思』在此處是當作一個繫詞來用的，其意義與『惟』字相當。所以在《尚書》此句中，當然我們也可以把『思』字這麼講，如此這句話的意思就是：『他應該謹慎於他自身，（並且對於自身的）修養應該是永恆不絕的。』『修思永』（與《詩經》的『旨酒思柔』句極爲類似），就等於是：『修惟永。』我們這樣講，當然是會把兩句文法句構極爲對稱工整的局面破壞，但是卻可以因此把句子的意義講解得更合邏輯，這樣看來，我們的作法還是值得的。」①

案：高說失於主觀，所舉的例證亦未可信。《詩經·桑扈》：「兕觥其觩，旨酒思柔。」②王引之《經傳釋詞》說：「柔，和也。思柔與其觩對文，是思爲語助也。」③王氏又說：

「《關雎》曰：『寤寐思服。』《傳》曰：『服，思之也。』訓服爲思之，則思服之思當是語助。……《文王有聲》曰：『自西自東，自南自北，無思不服。』無思不服，無不服也。思，語助耳。《閔予小子》曰：『於乎皇王！繼序思不忘。』繼序思不忘，繼序不忘也。《烈文》曰：

『於乎前王不忘！』無思字。是思爲語助也。

《箋》曰：『思其所行不忘。』失之。思皆句中語

助。」④

王氏的論證，確然可信，高說似欠周詳。可見，將《皋陶謨》

此句「厥」、「思」二字看作虛詞，是可以的，而《漢書・元

帝紀》永光四年詔書「愼身修永」的寫法，也是可以的。《僞

孔傳》將「思」字解作「思慮」，將全句說成：「愼修其身，

思爲長久之道。」⑤約取整句大意，於義亦通。曾運乾《尚書

正讀》說：「修思永者，言修身當思其可大可久也。」⑥周秉

鈞《尚書易解》說：「修思永者，自修當思永久，言不懈

也。」⑦所說亦通。

注釋

① 見《書經注釋》，上册，頁153—154。

② 見《毛詩正義》，《十三經注疏》本，册2，頁481下。

③ 見王引之（1766—1834）著《經傳釋詞》，香港：太平書

　　局，1974年，頁176。

④ 同上，頁175—176。

⑤ 見《尚書正義》，《十三經注疏》本，册1，頁59下。

⑥ 見《尚書正讀》，頁31。

⑦ 見《尚書易解》，頁29。

二十一、惇敘九族

高本漢解釋《皋陶謨》「惇敘九族」句說：

「鄭玄與《僞孔傳》（根據《爾雅》）都把『惇』
字講成『厚』的意思。所以這句話就是說：『如果
你廣泛地管理你的九族親屬。』」①

高氏採納了鄭玄和《僞孔傳》的解釋，將「惇」講作
「厚」，這是正確的。但是，高氏再將「厚」引伸爲「廣泛」
②，這卻歪曲了鄭玄的意思。《史記集解》引鄭玄的說話說：

「次序九族而親之，以眾賢明作羽翼之臣，此政由
近可以及遠也。」③

鄭玄以「親」釋「惇」，是親和仁厚的意思，高氏的說法與其
不合。

高氏將「厚敘」說爲「廣泛地管理」，令人費解。蔡沈
說：「厚敦九族，則親親恩篤而家齊矣。」④屈萬里《尚書集
釋》：「惇，厚也。此謂親厚。」⑤他在《尚書今註今譯》裏
將這句譯作：「厚道地敘次家族親疏的關係·」⑥王世舜《尚
書譯注》則把這句譯作：「以寬厚的態度對待同族的人。」⑦
這些說法都和鄭說相近，最合《皋陶謨》這句的意思。

注釋

① 見《書經注釋》，上冊，頁154—155。

② 高氏原文作："If you amply regulate your nine family branches."
見《書經注釋(一)》（Glosses on the Book of Documents, I），《遠東博物館館刊》（BMFEA, Stockholm），期12，頁106—107。

③ 見《史記》，冊1，頁78。

④ 見《書集傳》，頁15。

⑤ 見《尚書集釋》，頁33。

⑥ 見《尚書今註今譯》，頁21。

⑦ 見《書經注釋》，頁27。

二十二、百僚師師

高本漢解釋《皋陶謨》「百僚師師」句說：

「『師』字，常有『一群』、『許多』這一類的意
思。《廣雅・釋訓》說『師師』的意思就是『眾』
（『眾人』、『群眾』）。我們本條所列出的《尚
書》文句，其中的『師師』想來也是這個意思。俞
樾又以爲，字的重疊，也並不足奇，經典之中，所
見甚夥，如：《詩經》裏就有『濟濟多士』的
話。……所以：『百僚師師，百工惟時。』的意思
是說：『所有的官員們，人數眾多；所有的職員們
都留心遵行四時。』……這一個講法，似乎對於
『百僚師師』這一句話的上下文不太合適，可是整
句的意思應該這樣看：就是當所有的賢良之士都已
就任官職的時候，那麼整個政府之中，也就都安置
並充分任用好的官吏了。」①

高氏對「師師」兩字的解釋，正如他自己所覺察一樣，於
上下文義，並不合適；而就整句來看，高氏的說法，也非常牽
強，難以令人信服。

「師師」這一類重疊用字的結構，是古漢語裏很常見的所
謂「動賓」結構的句式，如《論語・學而》：「賢賢易色。」

②《正義》：「上賢謂好尚之也，下賢謂有德之人。」③《荀子・大略》：「親親、故故、庸庸、勞勞，仁之殺也。貴貴、尊尊、賢賢、老老、長長，義之倫也。」④也是這一類動賓的句構。

　　《尚書・微子》：「卿士師師非度。」⑤王肅《注》：「卿士以下轉相師效爲非法度之事也。」⑥王肅所謂「轉相師效」只是解經意而非訓詁字義。「師師」上「師」字指「師法」，下「師」字則謂「所師法之人」；百官都這樣做，於是衍生「轉相師效」之義。《僞孔傳》：「師師、相師法。」⑦蔡沈：「師師、相師法也。言百僚皆相師法。」⑧王肅等的說法，切合經義，因此近人如屈萬里、曾運乾、周秉鈞、王世舜、朱廷獻等⑨，都加以採用。

注釋

① 見《書經注釋》，上冊，頁165。

② 見《論語正義》，《十三經注疏》本，冊8，頁7上。

③ 同上，頁7上、下。

④ 見《荀子》，《百子全書》本，浙江：浙江人民出版社，1984年，冊1，頁7。

⑤ 見《尚書正義》，《十三經注疏》本，冊1，頁145下。

⑥ 同上，頁146上。按：江聲《尚書集注音疏》引作馬融語
　（見《皇清經解》本，冊6，頁4054上），高書亦以爲這是
　馬融的說話，恐是因江書而誤。

⑦ 同注⑤，頁61下。

⑧ 見《書集傳》，頁16。

⑨ 分見《尚書集釋》，頁35；《尚書正讀》，頁33；《尚書易
　解》，頁31；《尚書譯注》，頁30；《尚書研究‧下篇》
　（台灣：商務印書館，1987年），頁414。

二十三、暨稷播奏庶艱食鮮食懋遷有無

　　《皋陶謨》此句中「艱食」二字，蔡沈的解釋是：

　　　　「艱、難也。水平播種之初，民尚艱食也。」①

高本漢同意蔡沈的說話，他說：

　　　　「關於『艱食』，E說（案：指蔡說）是解釋爲：

　　　　『難得的食。』（就是『種植物』）這就可以跟所

　　　　謂的『鮮食』（『新鮮的〔肉〕食物』）成爲相對

　　　　的一個詞。（『鮮食』指的是在林中或河湖中可以

　　　　即得的食物）這樣講，似乎是最簡單又最通順。」

　　　　②

高氏將《皋陶謨》這句話說成：

　　　　「跟稷在一起，我播撒種子並給予人民那難得的食

　　　　物（就是：『種植的穀類。』）與那新鮮的（肉）

　　　　食物。」③

　　高氏將句中「艱食」解作「難得的食物」，再引伸而講成

「種植的穀類」，這樣的講法，顯得很牽強。

　　《說文》卷十三「堇」部：「艱、土難治也。」④《段

注》：

「引申之凡難理皆曰艱。按：許書無『墾』字，疑
古『艱』即今『墾』字，『墾』亦『艮』聲也。」
⑤

徐灝《說文解字注箋》：

「段謂艱即古墾字，其說甚精。《書・益稷》：
『暨稷播奏庶艱食鮮食。』鮮食謂鳥獸魚鼈，艱食
謂墾耕而食也。古音艱讀若根，聲變爲墾。《釋
名》云：『艱、根也，如物根也。』《釋文》：
『艱，馬本作根，云：根生之食，謂百穀。』是
也。」⑥

段、徐之說，於古有徵，揆諸高說，實較可信。

注釋

① 見《書集傳》，頁18。

② 見《書經注釋》，上冊，頁182。

③ 同上。

④ 見《說文解字》，頁290下。

⑤ 見《說文解字注》，《說文解字詁林》，冊13，頁6180a。

⑥ 見《說文解字詁林》，冊13，頁6180a。

二十四、懋遷有無化居

　　《史記》將《皋陶謨》這句說作：「調有餘補不足徙居。」高氏反對這個說法，：

　　「司馬遷把這句話講成：『調有餘補不足徙居。』……《文選·李善注》（《永明策秀才文》）引《尚書》此句『懋遷』作『貿遷』（『貿』音：*mlug/məu/mou；『懋』音：*mug/məu/mou）這與傳統本是不同的。（從某些宋人與元人的引文中，我們可以看出，好像《尚書大傳》已經作『貿』了。）而司馬遷述文中的『調』字，也很明白地顯示出，他的本子原是作貿而不作『懋』。另一方面，『居』這個字的意思是：『貯藏』、『囤積』（『放置』、『屯駐』）這是早經證明了的，如：《國語·晉語》云：『居賄。』意思就是：『他囤積財貨。』『化』這個字，在周代的錢幣上是經常可以看到的，如：『齊去化』，等於是：『齊法貨。』（意思是：齊國法定的通貨。）所以『化』在此地只是『貨』字的一個省體，我們從後來的錢幣上有『貨泉』字樣這一點上，可以確切地這麼說。故此，『化（貨）居』是

一個複詞，意思就是：『物品之貯藏』、『貨物之
囤積』。司馬遷必定也認為『化居』就是『貨
居』。這一點從《史記》裏面就可以找出脈絡來。
《史記・呂不韋傳》有句話説：『此奇貨可居。』
意思是：『這是值得囤貯的好貨。』此句與《尚
書》的本句同類，可證我們對史記的揣測絶非是想
像之詞。江聲與孫星衍兩位都認為司馬遷是用了
『調』字來解説《尚書》的『懋』字；用了『徙』
字來解説《尚書》的『遷』字。因此，在這句話
裏，『懋遷』是兩個平行的動詞，可以放在句子的
起首，而把所有的受詞，都放在後面。這就是説，
『懋遷有無化（貨）居』等於是説：『懋（貿）有
無遷化（貨）居。』《尚書》本文這句話的意思，
直譯出來就是：『我交換──並遷移──那存在的
與不存在的──那囤貯的貨物。』這裏的第三句
（『那存在的與不存在的』）用的是第一個動詞
（『懋』或『貿』），第四句用的是第二個動詞
（『遷』）。如果這是司馬遷的意思，那麼也眞是
大大地違背了《尚書》此句的本義。」①

從上列引文看來，高氏對《史記》「調有餘補不足徙居」這句
話的看法，主要有三點：

一、　司馬遷所據的《尚書》本子，「懋遷」寫作「貿
　　　遷」；

二、　司馬遷將「化居」，視作「貨居」；

三、　他採用了孫星衍的說法，認爲司馬遷用「調」字來
　　　解說《尚書》的「懋」字；用「徙」字來解說
　　　「遷」字。②

　　就第一點來說，高氏的意見是有根據的，清代學者江聲亦
早已將《尚書》這句的「懋」字訂定爲「貿」。江氏說：

　　「《文選・永明九年秀才文》李善《注》引《尚
　　書》曰：『貿遷有无化凥。』又宋王天與《尚書纂
　　傳》、元吳澂《尚書纂言》皆云：『伏生《大傳》
　　作「貿遷」。』今《大傳》未見引此經，蓋明闕逸
　　矣，宋元人及見其全，故得偁之，正與李善《文選
　　注》合，是可據矣，且與經誼允合，故定从『貿』
　　字。」③

這個說法，於古有徵，所說亦合理，故可信。

　　就第二點來看，高氏認定司馬遷將「化」解作「貨」，並
舉了「奇貨可居」句爲例證，這個說法，是不可靠的，因爲高
氏的例證，只能說明「居」有「囤積」的意思，並不能看到
「化」和「貨」兩字有任何關連。

　　第三點，高氏採納了孫星衍的說法，這其實是因爲他將
「化」解爲「貨」後所不得不採納的一個說法，但是如此一

來，卻將司馬遷的述句，解得異常複雜，整句的結構變得異乎尋常，難以令人明白和接受。

從上述三點看來，高氏對《史記》的理解，失諸主觀，也欠例證支持。段玉裁《古文尚書撰異》於《史記》這句的看法，就顯得清楚明白得多。段氏說：「『調有餘補不足』謂『懋遷有無』也。」④《史記》「徙居」句的意思，段氏雖無特別說明，但從句與句間對應的關係來看，段氏顯然是認為《史記》「徙居」是說《尚書》的「化居」了。「居」字的意思，《史記》無說，段玉裁也沒有解釋，但上文「調有餘」當是指積聚的貨物，則這裏「居」字便沒有必要重複這個意思而作「囤積的貨物」解，可見，「居」字在這裏宜取其最普通的解釋，作「居住」解。「徙居」便是由貧瘠之地遷往肥美之地居住的意，這和上文教民耕種正合。這樣看來，段氏對《史記》「調有餘補不足徙居」的解釋是：「將有餘的財貨調去不足之處，遷徙居住之處（去肥美之地）。」這看法是簡單和合理的。這樣，《尚書》的「懋遷」，即是「調補（調動補充）」、「互通」的意思。於是《皋陶謨》「懋遷有無化居」句的意思就是：「互通有無，徙遷居處。」這樣講，是通順和直接的，沒有理由反對。而就「互通」來看，事屬貿易活動，所以將句中「懋」字寫作「貿」字，也是合適的。

總之，高氏對這句解釋的錯失，在於他過份自信地將「化居」解作「貨居」，致將《史記》簡單的述句，說得異常複

雜，而變得不通。此外，爲了牽合「貨居」之說，他又將原句「有無」一詞，看作是「化居」的形容詞，他說：

> 「我們應該把『有無』看作是『貨居』的屬性形容詞（attribute）。所以這句話的意思就是說：『我調配並遷移那些有（貯存貨物）的與那些沒有貯存貨物。』（意思也就是：把貯藏豐富的人移到貧瘠的區域去，把貯藏貧瘠的人移到富庶的區域去。）」⑤

高氏這樣的讀法，非常牽強，也得不到古書上的支持。《漢書·食貨志》：「懋遷有無，萬國作乂。」⑥《周禮·合方氏·注》：「茂遷其有無。」⑦兩引都作「懋遷有無」爲讀，不屬下讀，高說未可從。

事實上，《史記》將《皋陶謨》「懋遷有無化居」句說作：「調有餘補不足徙居」，是簡單、直接和合理的；高氏曲解了《史記》的句子，因而提出了反對的意見，是失於主觀和不能令人接受的。

注釋

① 見《書經注釋》，上冊，頁183—184。

② 孫星衍的說法，見《尚書今古文注疏》：「史公說『懋』爲調者，《廣雅·釋詁》云：『調，鬻也。』調爲鬻，義同貿

也。……『遷』爲『徙』者，《釋詁》文。」（上册，頁
94。）

③ 見《尚書集注音疏》，《皇清經解》本，册6，頁4057下。

④ 見《古文尚書撰異》，《皇清經解》本，册9，頁6475上。

⑤ 同注①，頁184—185。

⑥ 見《漢書》，册4，頁1117。

⑦ 見《周禮・合方氏・鄭注》，《十三經注疏》本，册3，頁
503下。

二十五、徯志以昭受上帝

《皋陶謨》「徯志以昭受上帝」句，司馬遷講成：「清意
以昭待上帝命。」①蔡沈則說：

「……固有先意而徯我者，以是昭受于天，天豈不
重命而用休美乎。」②

高氏採取蔡說否定司馬氏之說。高氏的意見是：

「司馬遷把這句講成：『清意以昭待上帝
命。』……很顯然地（如孫星衍說）司馬遷原是把
『徯志』兩字屬下句讀的，因爲他所用的『待』
（『等待』）字是解釋『徯』字的（例證見《尚
書・湯誓》），同時，他又把這個『待』字移換了
地方，以取代了原有的『受』（『接受』）字。這
就形成了『清意以昭待上帝』這麼一句話（意思
是：『以清純的意念，他們將光顯地等上帝的命
令。』）。『徯志』兩字一經分開，又加上一個
《尚書》原文裏沒有的『清』字（這字在句中放了
空），司馬遷就這樣地把後半句話講走了樣。如果
我們把這句話重組一下，把『徯志』當成下文
『受』字的一個副詞片語來講，那麼這句話的意思
就是：『以一顆期待的心，他們將光顯地接受上帝

（的旨意）。』這樣一講，這句話在上下文裏，仍
然顯得格格不入。③

高氏又說：

「由於司馬遷把『受上帝』換成了『上帝命』而
《僞孔傳》又把它説成了『上帝的報施』（『天之
報施』），蔡沈於是很正確地駁斥此説，他以爲
『受上帝』就等於是説：『受于上帝。』這樣講無
疑地是比其他諸説更近於《尚書》此句的本義。所
以這句話的意思就是説：『（將會有很大的反
應），他們將等待你的意願，而且你將會明顯地接
受上帝（給你的命令）。』」④

高氏的意見，頗有商榷之處。高氏將句中「徯志」的主語，說
作「他們」，高氏雖然沒有說明「他們」是指甚麼人，但從上
下文意和整句的結構來看，高氏之說，也是不能成立的。

　　從上下文意來看，這句出現在禹對帝舜的政治討論中，整
段說話的論說對象都是帝舜，所以句中的「志」，主語仍當是
帝舜，而非「他們」。再從句的結構來看，「徯志以昭受上
帝」句，主語當是一個，同時是一個單句，但如果依從高氏的
說法，這句的主語卻變換爲兩個，同時也細分爲兩個小句，變
成：

（他們）徯志，（你）以昭受上帝。

兩小句間的承接關係非常薄弱，而句子主語的改變，也很突
兀，高氏的講法，是迂曲難通的。

　　《史記》對這句的說法，似是顛倒了原文的字句，江聲
說：

　　　「若依《史記》以說此經，當云：動則天下大應
　　　之，清其志意以待受上帝命。但如此說，則與經
　　　『徯志』二字文到，茲順經文爲說，故不據《史
　　　記》。」⑤

江氏將這句解作：

　　　「待志于下，于是可以明受上帝之命。」⑥

孫星衍卻有不同的看法，孫氏說：

　　　「徯志，謂如《管子·九守篇》云：『虛心平意以
　　　待須』也。」⑦

屈萬里說：

　　　「《史記》以『清意』說『徯志』。孫氏《注疏》
　　　以『虛心平意』釋之，蓋是。昭，明也。以昭受上
　　　帝，謂用以昭然接受上帝之命也。」⑧

若用孫、屈之說，則《史記》無倒亂經文；但無論如何，江、
孫之說，明顯較高說爲可取，則可斷言。

　注釋

① 見《史記》，册1，頁79。

② 見《書集傳》，頁18。

③ 見《書經注釋》，上冊，頁189—190。

④ 同上，頁190。

⑤ 見《尚書集注音疏》，《皇清經解》本，冊6，頁4058上。

⑥ 同上。

⑦ 見《尚書今古文注疏》，上冊，頁95。

⑧ 見《尚書集釋》，頁39。

二十六、庶頑讒說若不在時侯以明之

高氏在討論《皋陶謨》這句時，提到《僞孔傳》時說：

「《僞孔傳》以爲『時』就是『是』，意思是：
『正確』。『侯』，就是『鵠的』、『靶』（這是
很普通的意思），『明』的意思是『分明』、『明
辨』。所以照僞孔的講法，這句話的意思就是說：
『所有頑愚與讒謗的份子，假如他們不以正道作
事，那麼就要用箭靶（舉行射箭比賽）來明辨他們
了。』……。」①

查考《僞孔傳》，原文說：

「眾頑愚讒說之人，若所行不在於是而爲非者，當
察之，以明善惡之敎。」②

《僞孔傳》將「侯以明之」說爲「當察之，以明善惡之敎」。
這樣，《僞孔傳》以「察」說「侯」，而以爲「明」是「闡
述」、「說明」。《禮記・射義》：

「古者諸侯之射也，必先行燕禮；卿、大夫、士之
射也，必先行鄉飲酒之禮。故燕禮者，所以明君臣
之義也；鄉飲酒之禮者，所以明長幼之序也。故射
者，進退周還必中禮。內志正，外體直，然後持弓

> 矢審固，持弓矢審固，然後可以言中，此可以觀德
> 行矣。」③

「侯」是箭靶，從射侯的活動，可以觀察個人德行，《僞孔傳》因而把「侯」解說爲「審察」，也是可以的。如此，《僞孔傳》的意思是說：「那些頑愚與譭謗的人，假使他們不作是而爲非，便應當用射藝來審察他們，向他們說明善惡之教。」高氏曲說了《僞孔傳》的意思，是應該指出的。

注釋

① 見《書經注釋》，上冊，頁202。
② 見《尚書正義》，《十三經注疏》本，冊1，頁68上。
③ 見《禮記注疏》，《十三經注疏》本，冊5，頁1014上下。

二十七、蒼生

　　高本漢對《皋陶謨》「蒼生」一詞的看法是：

　　　「『蒼生』兩字應屬下句讀，整句作：『蒼生萬

　　　邦。』意思是：『是（綠綠地生長的＝）繁盛的萬

　　　千之邦國。』」①

高氏的看法，有兩個問題：一、「蒼生」一詞，一般都作名詞

用，作爲形容詞用，是極罕見的；二、高氏將「蒼生」屬下句

讀，破壞了原本整齊的四字句法。《詩經・黍離》：「悠悠蒼

天。」②《傳》：「蒼天，以體言之，據遠之蒼蒼然，則稱蒼

天。」③《爾雅・釋天》：「眷爲蒼天。」④《注》：「萬物

蒼蒼然生。」⑤孫星衍說：「蒼者，蒼天。《釋天》云：『春

爲蒼天。』生者，生民。《詩・蒸民》云『天生蒸民』是也。

又《文選・史岑出師頌》：『蒼生更始。』李善注云：『蒼

生，黔首也。』《說文》云：『黔，黎也。秦謂民爲黔首，周

謂之黎民。』是蒼生猶言黎民。」⑥孫說近是。

注釋

① 見《書經注釋》，上冊，頁207。

② 見《毛詩正義》，《十三經注疏》本，册2，頁147下。

③ 同上。

④ 見《爾雅注疏》，，《十三經注疏》本，冊8，頁94下。

⑤ 同上。

⑥ 見《尚書今古文注疏》，上冊，頁108。

二十八、黎獻

在討論《皋陶謨》「黎獻」句時，高本漢不同意段玉裁和王引之對「獻」字的看法，他說：

「段玉裁跟王引之都認為『獻』（*xiǎn）是『儀』

（*ngiɑ/ngjie/yi意思是『正義』、『正理』）的假

借字。因為：《尚書·大誥》有『民獻』的話，而

這話在伏生的《尚書大傳》裏作『民儀』。又因為

在《周禮·司尊彝》的《注》裏，鄭玄極其武斷地

說『獻』字應該讀成『犧』（*χiɑ/χjie/hi）或者是

像『儀』（*ngiɑ）的聲音（這在聲韻上是根本不能

成立的）。其實，在許多的漢碑文獻之中，都有

『黎儀』這個詞，它的意思與《尚書》此句中的

『黎獻』是相同的。並且，可能古文《尚書》就作

『黎獻』；而今文《尚書》作『黎儀』。但是，無

論怎麼說，前者（*xiǎn，『獻』）也不能作為後者

（*ngia，『儀』）的假借字，因為它們在聲韻上的

差別太大。」①

案：「獻」，上古「元」部字；「儀」，上古「歌」部字。歌、元對轉，兩部諧聲和在《詩經》裏互押的例子很多

②，高氏說儀兩字在聲韻上的差別太大，所以它們不能假借，
似和事實不合。段玉裁在解釋《大誥》「民獻有十夫」句說：

> 「作『獻』者，古文《尚書》也，今文《尚書》
> 『獻』作『儀』。《尚書大傳・周傳》云：
> 『《書》曰：「民儀有十夫。」』是也。如《大躬
> 儀・注》：『獻』、讀『犧』，又讀爲『儀』，讀
> 爲摩莎之莎；《效特牲・注》：『獻，讀爲莎。
> 《齊語》：「聲之誤也。」』《說文解字》『車』
> 部，義聲之『轙』，或从金，獻聲，作『鑢』，皆
> 元部與歌部關通音轉。」③

又說：

> 「鄭注《論語》云：『獻、猶賢也。』凡訓詁之
> 例，義隔而通之曰『猶』。『獻』本不訓賢，直以
> 其爲『儀』字之假借，故曰『猶賢』也。」④

王引之《經義述聞》說：

> 「古聲儀與獻通，《周官・司尊彝》『鬱齊獻
> 酌』，鄭司農讀『獻』爲『儀』。郭璞《爾雅音》
> 曰：『轙音儀。』《說文》曰：轙從車，義聲；或
> 作鑢，從金，獻聲。又曰：議從言，義聲。瀗，議
> 皋也，從水，獻聲。《周官・司尊彝》：『其朝踐
> 用兩獻尊。』鄭司農讀獻爲犧，皆其證也。」⑤

　　段、王之說，都有古籍上獻、儀諧聲的根據，未可否定，
高說似嫌武斷。

注釋

① 見《書經注釋》，上冊，頁207—208。

② 見陳新雄《古音學發微》，頁1025—1027。陳書分從《詩
　　經》押韻、經傳諧聲與漢儒音讀，舉列頗多例子，說明上古
　　語音系統中歌、元對轉的現象，所論頗詳。

③ 見《古文尚書撰異》，《皇清經解》本，冊9，頁6597上。

④ 同上，頁6597上下。

⑤ 見《經義述聞》，《皇清經解》本，冊17，頁12620上。

二十九、敷納以言，明庶以功

　　在討論《皋陶謨》這兩句說話時，高本漢對後一句的解釋，沒有問題，但對前一句的說法，卻頗有值得商榷之處。高氏認爲《皋陶謨》的「敷納以言」和《堯典》的「敷奏以言」，兩句意義相當。他說：

> 「『奏』與『納』兩字，在實際的應用上是同義的（都是『稟奏』、『呈告』、『報告』的意思）。……這上半句話的意思終必是：『他們普遍地作了報告。』」①

　　高氏將「納」字說爲「稟告」、「呈告」、「報告」，似欠缺古籍上的支持。此外，在用到這句時，《皋陶謨》和《堯典》各有不同的指稱，孫星衍說：「此謂舉賢，與《堯典》考績不同。」②孫氏的說法，合於《皋陶謨》和《堯典》兩篇的上下文意。《左傳・僖二十七年》引作「賦納以言」③，《杜注》說：「賦納以言，觀其志也。……賦，猶取也。」④「賦納」爲言，則「納」也是「取」的意思。這樣，《皋陶謨》這句，實在是以「帝」爲主詞，意思說：「（帝）廣泛地採納各方意見。」

注釋

① 見《書經注釋》，上冊，頁208。

② 見《尚書今古文注疏》，上冊，頁109。

③ 見《左傳正義》，《十三經注疏》本，冊6，頁267上。

④ 同上。

三十、帝不時敷，同日奏罔功

高本漢對這句的解釋是：

「這句話很明顯地是指着前面的『敷納以言』說
的。那句話與《堯典》裏的『敷奏以言』在句型上
是很相似的（『敷奏以言』的意思就是：『他們廣
泛地以他們的話作成報告。』）。在此地，『敷』
字還是『廣泛地』的意思；『奏』字也是『報告』
的意思，在用法上也相仿。……這句話裏的『帝』
字與上文有一句話『帝光天之下』裏的『帝』字的
用法一樣──都是呼喚語。『帝光天之下』的意思
是：『帝呀！廣泛地（光即是桄）在天之
下……。』在此地的這句話裏『帝』的意思也是如
此。這句話是指着帝王所有的臣僕們而說的，對於
他們的作爲，已在本句話的上文說過，就是：『敷
奏以言。』（他們普遍地以他們的話語作報告。）
此地的這句話，說的還是同樣的意思，不過講得更
繁富一些罷了。如此，整句話的意思是說：『帝
呀，如果他們不這麼樣普遍地共同地每天作報告，
那就不會有功績。』這樣講是把這句話讀成：
『帝，不時敷同日奏，罔功。』」①

　　高本漢的說法，似有商榷之處。他認爲這句話是對上文「敷納以言」來說的；而又將「敷納以言」和《堯典》「敷奏以言」句等同起來，以爲「納」和「奏」的意思一樣，解爲「報告」。但是，在上一條的討論，我們知道，《皋陶謨》「敷納以言」指的是廣取言論；《堯典》「敷奏以言」則說廣泛報告，兩句實各有所指，高氏卻混而爲一，他論說的根據，顯然不可信。高氏說這句的作用，在將上文的意思，講得更豐富一些，但是卻不合《尚書》文字簡約的特點，這說法，難令人信服。這句話所說的，應該是對上文的一個總結，即如高氏所說，「敷納以言」也只是上文其中一句話，實在沒有理由要特別加以強調。由此可見，高本漢對這句話的解釋，實過於牽強。

注釋

① 見《書經注釋》，上冊，頁210—211。

三十一、虞賓在位

　　高本漢將「虞賓在位」的「賓」字解作「祖先的神靈」，
他說：

　　「在甲骨文裏，我們常見到『貞王賓某某』這樣的
　　詞例。所謂『某某』即是受祭王的名字。羅振玉、
　　王國維和其他的學者們，已經證實了『王賓』是殷
　　人祭奠王室先人時所用的一個術語，而這段話裏正
　　好說到這樣的一個祭祀。此句的上句說：『祖考來
　　格』（意思是：『故去的祖先們都來了。』）所以
　　『虞賓在位』的意思就是說：『舜的賓客們（即受
　　祭的神靈）都在他們的高位上。』（都在這項祭祀
　　之中）『虞賓』（『舜的賓客』）就是祖先的神
　　靈，與甲骨文所說的『王賓』（『王的賓客』）其
　　義是相同的。」①

《尚書‧雒誥》有「王賓殺禋咸格」句②，高本漢拿了來和
「虞賓在位」句作比較，說：

　　「羅振玉以爲，此句中的『王賓』，與卜辭中的
　　『貞王賓』是同一個名詞，說的都是已故的先王。
　　所以這句話的意思就是說：『王的賓客們（王室中

　　人的神靈），在殺牲及祭祀（的儀式）中，都降臨

　　了。」③

　　　　案：劉盼遂《觀堂學書記》記王國維對「王賓殺禋咸格」

　句的解釋說：

　　　　「師云：王賓謂文王、武王。死而以賓禮事之，故

　　　稱賓。殷虛卜辭屢云『卜貞王賓某某』。王賓以下

　　　皆殷先王先公名，知此王賓即謂文王武王矣。」④

　陳舜政說：

　　　　「高氏所引羅振玉『王賓』之說，當是王國維《雜

　　　誌解》之說，高氏誤引之。王氏《雜誌解》云：

　　　『王賓，謂文王、武王死而賓之，固謂之賓。殷人

　　　卜文屢云：「貞貞，王賓某某。」「王賓」下皆殷

　　　王名，知此賓即謂「文武矣！」』高氏就套用了這

　　　段最後一句話的形式，因此便以爲『知此虞賓即謂

　　　虞之祖先矣！』這實在是斷章取義了。」⑤

陳氏對高說的批評，很有道理。「虞賓在位」的上一句是「祖

考來格」，「祖考」自包括帝舜祖先的神靈，高本漢的解釋，

將《皋陶謨》的意思，說得重複而冗贅，不太合理。

注釋

① 見《書經注釋》，上冊，頁230。

② 見《尚書正義》，《十三經注疏》本，冊1，頁231上。

③ 同注①，頁231。

④ 見《觀堂授書記》，頁75。

⑤ 見〈讀高本漢《書經注釋》〉，《文史哲學報》，17期，
　　1968年，頁287。

三十二、厥賦貞作十三載乃同

鄭玄注《禹貢》這句話說：

「貞，正也。治此州正作不休，十三年乃有賦，與

八州同，言功難也。其賦下下。」①

高本漢除了將這句的「同」字解作「符合」、「脗合」之外，

對這句的其餘解釋，都和鄭玄相同。高本漢將這句的意思（連

同上句：「厥田惟中下」）說作：

「它的土地是屬於第二級的下等，其賦稅，在十三

年的改進工作後，就（與土地的性質）符合上

了。」②

鄭玄和高本漢的解釋，頗有商榷之處。鄭玄將「貞作」連

起來讀，解作「正作」，但意思含糊，曾運乾說：「鄭『貞

作』連讀，不詞。」③這批評是正確的。

《禹貢》將天下分爲九州，於冀、青、徐、揚、荊、豫、

梁、雍八州的賦稅，用上中下等級評定，關乎這句的兗州，也

理應如此。《孔疏》說：

「諸州賦無下下，貞即下下，爲第九也。」④

孔氏所說，和《禹貢》的行文配合，但是沒有說出「貞」和

「下下」的關係。宋人金履祥說：

「貞本作下下，篆文重字，但於字下作＝。哀賦下

下，古篆作『下＝』，或誤作『正』，遂譌爲

『貞』。」⑤

金說似乎最能解釋這句的意思，也比鄭、高之說爲順。

注釋

① 《史記集解》引，見《史記》，冊1，頁55。

② 見《書經注釋》，上冊，頁251。

③ 見《尚書正讀》，頁54。

④ 見《尚書正義》，《十三經注疏》本，冊1，頁80下。

⑤ 見《尚書表注》，《通志堂經解》本，冊13，頁7850上。

三十三、陽鳥攸居

　　高本漢以為《禹貢》「陽鳥攸居」句的「陽」字，應該作「南」解，同時是一個動詞的用法；並且「陽鳥攸居」句，也應和上句「彭蠡既豬」緊連來讀，作為描寫一個沼澤的情形。所以這句就是：

　　　　「那彭蠡（沼澤）已經匯集成一個湖，而此處即為

　　　　南往鳥類（過冬）所居住的地方。」①

　　高氏的說法，基本上採自鄭玄和《偽孔傳》。鄭玄說：

　　　　「陽鳥，鴻雁之屬，隨陽氣南北。」②

《偽孔傳》說：

　　　　「隨陽之鳥，鴻雁之屬，冬月所居於此澤。」③

這些是傳統的說法。

　　宋人林之奇卻從這句上下文的比較，認為句中「陽鳥」應是地名，他說：

　　　　「治水詳見九州之下，山澤川陵，平陸原隰，莫非

　　　　地名。此州上既言彭蠡既豬，下言三江既入，震澤

　　　　底定，皆是地名。獨此三句間言陽鳥攸居，九州亦

　　　　無此例。古之地名，取諸鳥獸，如虎牢、犬丘之類

　　　　多矣。《左傳・昭公二十年》『公如死鳥』，杜注

　　　　云：『死鳥，衛地。』以是觀之，安知陽鳥之非地

　　名乎？鄭有鳴雁在陳留雍丘縣，漢北邊有雁門郡，

　　皆以雁之所居為名。陽鳥意類此，蓋雁南翔所居，

　　故取以為名。」④

俞樾承其說，以古籍中鳥、島通用，遂謂此句當作「陽島」，

實是地名。俞氏曰：

　　「古鳥、島通用。《釋名・釋水》曰：『島，到

　　也。人所奔到也。亦言鳥也，人物所趨如鳥之下

　　也。』《集韻二十二・皓》曰：『島，古作鳥。』

　　《群經音辨》曰：『鳥，海曲也。』是以冀州：

　　『島夷皮服』，《史記・夏本紀》作『鳥夷』；揚

　　州：『島九卉服』，《漢書・地理志》作『鳥

　　夷』，《後漢書・度尚傳・注》引此亦作『鳥

　　夷』。然則陽鳥即陽島也。古文止作鳥，鳥夷也，

　　陽鳥也，一也。後人于鳥夷之鳥皆改作島，而陽鳥

　　之鳥，則因誤解為雁，轉得仍古文之舊，而其為地

　　名則益無知者矣。」⑤

　　曾運乾《尚書正讀》，在林、俞二氏的基礎上，再益以己

見，說：

　　「陽鳥，鄭云：『謂鴻雁之屬，隨陽氣南北。』今

　　按《禹貢》全文，無以禽獸表地者。又經文先序州

　　界、次言山原川澤、次言夷服，亦無舍地望而先言

　　鳥獸者。鳥當讀為島。《說文》所謂海中往往有

山，可依止，曰島，是也。本經皆假鳥爲之。島夷
皮服，島夷卉服，古今文本皆作鳥。鄭釋冀州『鳥
夷』云：『東方之民搏食鳥獸者也。』《後漢書‧
度尚傳‧注》：『鳥語，謂語音似鳥也。』引
《書》『島夷卉服』，殆於望文生義矣。晚出《孔
傳》讀鳥爲島，云『海曲謂之島』，與《說文》
合。本文陽鳥『鳥』字，亦當讀爲島。陽島，即揚
州附海岸各島，大都則臺灣海南是也。云陽島者，
南方陽位也。攸、所也、安也。攸居，安居也。」
⑥

曾氏的說法，理由頗充分。攸，《說文》：「行水也。」⑦
《段注》：「行水順其性，則安流攸攸而入於海。」⑧朱駿聲
說：「攸，段借爲逌。」⑨《漢書‧地理志》引這句作「逌
居」⑩。《說文》：「🈐（隸作逌）、气行皃。从乃，卣
聲。讀若攸。」⑪逌，引申有安然寬舒之意。《史記‧趙世
家》：「烈侯逌然。」⑫《正義》：「逌，音由，古字與攸
同。攸攸，氣行貌，寬緩也。」⑬曾運乾說「攸居」爲「安
居」，也有古書上的證據。這樣，曾氏認爲這句話的意思是：
「陽島也可安居了。」

　　曾運乾等的說法，有古籍上的證據，也能配合《禹貢》行
文的形式。高本漢的意見，顯然有欠周全。

注釋

① 見《書經注釋》，上冊，頁259。

② 《詩經・匏有苦葉・疏》引，見《毛詩正義》，《十三經注疏》本，冊2，頁89上。

③ 見《尚書正義》，《十三經注疏》本，冊1，頁82上。

④ 見《尚書全解》，《通志堂經解》本，冊11，頁6489上下。

⑤ 見《群經平議》，，，《皇清經解續編》本，冊20，頁15494下—15495上。

⑥ 見《尚書正讀》，頁59。

⑦ 見《說文解字》，頁68下。

⑧ 見《說文解字注》，《說文解字詁林》，冊4，頁1349a。

⑨ 見《說文通訓定聲》，《說文解字詁林》，冊4，頁1349b。

⑩ 見《漢書》，冊6，頁1528。

⑪ 見《說文解字》，頁100下。

⑫ 見《史記》，冊6，頁1797。

⑬ 同上，頁1798。

三十四、蔡蒙旅平

　　高本漢認爲「蔡蒙旅平」句中的「旅」字，借作「臚」字解，意思是：展示、陳示、顯示，所以這句話是說：「蔡蒙就被安排（擺列）好了，整治好了。」①

　　案：高氏說一座山給安排好了，意思令人費解。曾運乾說：「旅，猶治也。」②張西堂說：

　　「旅，王引之謂：『道也，《爾雅》：「旅，途也。」郭璞曰：「途，即道也。」《郊特牲》：「臺門而旅樹。」鄭注：「旅，道也。」蔡蒙旅平者，言二山之道已平治也。』按：王說未盡。道兼道路，道治二義。道平，謂治平也。下文荊岐既旅，謂荊岐既治也；九山栞旅，謂九山栞治也。旅之訓治，與道之訓治，皆由道路之義，引申爲通行之義。《考工記》：『通四方之珍異以資之，謂之商旅。』《呂覽·高注》：『旅，行商也。』是旅有通行之義，能通行則平治矣。」③

此說似勝於高說。

注釋

① 見《書經注釋》，上冊，頁267。

② 見《尚書正讀》，頁68。

③ 見《尚書覈詁》，頁68。

三十五、熊羆狐狸織皮西傾

　　高本漢將這句裏的「織皮」解爲「穿皮衣的人」，說：
「鄭玄是把這句話從『狸』字處斷開來讀，意思就
是：『它的貢物有黑熊、褐白色熊、狐和野貓。』
在述說此事之後，他就開始說另一件事情，云：
『織皮謂西戎之國。』這句話，並不像王鳴盛所想
像的以爲鄭氏眞拿『織皮』當作是『西戎之國』的
名字，因爲後來在敘述雍州的時候，經文又說：
『織皮昆侖支渠搜，西戎即敘。』鄭氏便說：『衣
皮之民居此。』可以看出，鄭氏並不是把『織皮』
講成地名，而他的意思就是：『穿皮衣的昆侖、析
支、渠搜，這些西戎。』所以在本條注他所說的
『織皮謂西戎之國』，其實，它的意思是：『織
皮，指的是那些西戎的國家。』也就是那些穿皮衣
的人們。『織皮』按照《僞孔傳》的講法，意思就
是『罽』（毛織的氈子），而鄭玄的意見顯然也是
如此的。所以『織皮西傾』的意思就是：『那西傾
的穿着氈子的人們。』」①

　　案：鄭說前後不一，高本漢不必曲爲護說。同時，《禹
貢》九州皆載貢品，此處如解爲西戎人東來，顯然與文例不
合。孫星衍說：

> 「織皮者，繝之屬。《釋言》云：『罷，屬也。』
> 《釋文》引李巡本『罷』作『羆』。《周書》：
> 『正西昆侖狗國等，請令以丹青白旄、紕罽、龍
> 角、神龜爲獻。』《說文》：『繝，西胡羆布
> 也。』『紕，氐人繝也。』」②

陳舜政據孫氏的意見，批評高氏說：

> 「這樣看來，罽或織皮，實在是一種地氈之類的東
> 西，是西方特產，列爲貢品不爲不當。高氏因鄭氏
> 《注》之含混，以其物而稱其人，增字解經，誤稱
> 《僞孔傳》，又从鄭氏之讀，非是。」③

這樣的批評，是恰當的。

注釋

① 見《書經注釋》，上冊，頁269—270。

② 見《尚書今古文注疏》，上冊，頁175。

③ 見「讀高本漢《尚書注釋》」，〈文史哲學報〉，17期，
　　1968年，頁291。

三十六、四海會同

　　《僞孔傳》把這句解釋作：「四海之內，會同于京師。」
①《國語・周語下》在敘述禹的功業時，把這句寫作「合通四
海」②，韋昭注云：「使之同軌也。」③高本漢以爲「同軌」
的意思，就是文化習尚一致。高本漢又以爲，《僞孔傳》的說
法，也是這個意思，所以《僞孔傳》是把《禹貢》這句解作：
「四海（之內）都一致了。」④高本漢認爲《僞孔傳》的解
釋，使得這句和上文「九州攸同」，發生了一種極無意義的重
複現象，所以高氏否定了《僞孔傳》的說法。⑤

　　蔡沈把這句話說作：「四海之水，無不會同，而各有所
歸。」⑥高本漢採納了蔡氏的解釋，並說：

　　　　「蔡氏自己說，他所以這麼講，是根據『冀州』節
　　　　裏所說的『雷夏既澤，灉沮會同』。從這句話的意
　　　　思上，可以覘得『會同』實在只是一個術語，用來
　　　　述說河流流入一個範圍較大的水域之中。可見蔡氏
　　　　的例證是極爲堅強的。」⑦

　　案：高說未允。曾運乾說：

　　　　「會同者，謂貢道達于京師，無有阻礙。」⑧

王世舜說：

「《國語‧周語》：『合通四海。』《注》：『使

之同軌也。』這裏『四海會同』也應當是這個意

思，古代統治者使海內道路通達，主是爲轄制人民

以及爲各地進貢的方便。」⑨

將「軌」字講爲文化習尚，似無古書的例證，曾、王的解釋，
比高本漢的推想，合理得多。

　　蔡沈將這句的「四海」，照字面的意思引申爲「四海之
水」，似有增字解經之嫌，同時也和上文「九川滌源」的意思
重複，這是沒有理由的。高本漢採納此說，思慮似欠周全。

注釋

① 見《尚書正義》，《十三經注疏》本，册1，頁90。

② 見《國語》，上册，頁104。

③ 同上，頁106。

④ 見《書經注釋》，上册，頁277。

⑤ 同上，頁277—278。

⑥ 見《書集傳》，頁37、

⑦ 同注④，頁278。

⑧ 見《尚書正讀》，頁82。

⑨ 見《尚書譯注》，頁72。

三十七、予則孥戮汝

　　《尚書·甘誓》「予則孥戮汝」句，《僞孔傳》說：
「孥，子也。」①高本漢認爲「孥」也有「妻與子」、「家
庭」的意思，如《國語·晉語》「以其孥適西山」②、《左
傳》「宣子使臾駢送其帑」③。因此，高本漢認爲《甘誓》這
句話的意思是：

　　　　「雖則《僞孔傳》在《尚書》此句的注文裏把
　　　　『孥』字只講成『孩子』（『我就連帶孩子一起，
　　　　把你殺死』），然《孟子·梁惠王下》云：『罪人
　　　　不孥。』趙岐《注》云：『孥，妻、子也。』這樣
　　　　看來，我們的《尚書》此句就是說：『那麼我就殺
　　　　死你，並連帶着你的妻子與孩子。』」④

　　同時，高本漢認爲「孥」字在句中是作爲動詞用，用法就
和古書裏「族之」的「族」字一樣，他說：

　　　　「那麼這句話就等於是說：『那麼我就連你帶你的
　　　　妻與子都殺死。』『孥』字的這種意義（當動詞
　　　　用），在《孟子·梁惠王下》的『罪人不孥』裏去
　　　　講，在實際的應用上也有它的一致性。所以《孟
　　　　子》這句話的意思就是說：『對犯罪的人，並不連

帶妻小一起懲罰。」在意義上雖然有所轉變，但是
仍然還保持着動詞的用法。這是有力的證據。」⑤

　案：高說未能照顧《甘誓》這句說話的其他異文。「帑」
字，《漢書・王莽傳》引作「奴」⑥；「戮」，《史記・夏本
紀》寫作「僇」⑦。孫星衍說：

　　「奴者，《漢書・注》：『李奇曰：「男女徒總名
　　爲奴。」』戮者，《廣雅・釋詁》云：『辱也。』
　　《周禮・司厲》：『其奴，男子入于罪隸，女子入
　　于舂槀。』《注》：『鄭司農云：「今之奴婢，古
　　之罪人也。故《書》曰：『予則奴戮汝。』《論
　　語》曰：『箕子爲之奴。』罪隸之奴也。」』《漢
　　書・季布欒布傳贊》云：『奴僇苟活。』是亦以僇
　　爲奴辱也。鄭注《周禮》云：『奴，從坐而沒入縣
　　官者，男女同取。』案：三代以前，父子兄弟罪不
　　相及。至秦，始有連坐收帑之法。以此說《夏
　　書》，更不合。《周禮・司厲》又云：『凡有爵
　　者，與七十者，與未齔者，不爲奴。』此先王寬
　　政，七十與未齔，俱不與服戎。有爵者，蓋別有
　　罰，故此言奴戮以誓眾也。《僞孔》既以爲『辱及
　　汝子』，其于《湯誓》又云『權以脅之，使勿
　　犯』，皆失之。史公『戮』爲『僇』者，與《墨
　　子》文同。《表記》云：『則刑戮之民也。』《釋

文》：『戮，本作僇。』《廣雅‧釋詁》云：

『戮，辱也。』是戮、僇通字。僇，蓋《書》古文

也。孥，俗字，當爲奴。」⑧

孫氏之說頗有據。《甘誓》上文已說「戮于社」，而這句又說
「孥戮汝」，則「戮」字顯然不能作「殺」解，否則一人被殺
二次，於理不合。⑨顏師古說：

「案『孥戮』者，或以爲奴，或加刑戮，無有所赦

耳。此非孥子之孥，猶《泰誓》稱囚孥正士，亦謂

或囚或孥也，豈得復言并子俱囚也。」⑩

由上面所引的材料看來，「孥戮」似應當作爲一個詞語來讀，
意思是「羞辱爲奴」。這個解釋，較諸高說，似更爲合理。

注釋

① 見《尚書正義》，《十三經注疏》本，冊1，頁98下。

② 見《國語》，上冊，頁298。

③ 見《左傳注疏》，《十三經注疏》本，冊6，頁315下。

④ 見《書經注釋》，上冊，頁309—310。

⑤ 同上，頁310。

⑥ 見《漢書》，冊12，頁4111。

⑦ 見《史記》，冊1，頁84。

⑧ 見《尚書今古文注疏》，上冊，頁213—214。

⑨《甘誓》曰：「用命，賞于祖，弗用命，戮于社。」（見
《尚書正義》，《十三經注疏》本，冊1，頁98下。）周秉
鈞《尚書易解》說：「祖、祖主。社、社主。《孔傳》曰：
『天子親征，必載遷廟之祖主行，有攻，則賞祖主前，示不
專。天子親征，又載社主，謂之社事，不用命奔北者，則戮
之於社主前。』《墨子・明鬼篇》引此解釋云：『賞于祖者
何也？告分之均也。僇于社者何也？告聽之中也。』江聲
云：『分之均，謂頒賞平均。聽之中，謂斷辠允當也。』」
（頁82）則可見「戮」不作「殺」解。

⑩ 見《匡謬正俗》，卷2，頁1b。

三十八、王用丕欽，罔有逸言

　　《僞孔傳》把《盤庚》這句話解作：

　　　「王用大敬其政教，無有逸豫之言。」①

高本漢採納了《僞孔傳》的解釋，把「王用丕欽，罔有逸言」
句的意思說作：

　　　「王因此就敬謹地注意着（敬謹地注意着他的命
　　　令）並且毫無輕浮的言辭。」②

　　謹案：《僞孔傳》的說法是有問題的，因此高氏的解釋也
不能接納。照《盤庚》原文的意思來看，王（先王）所敬欽
的，是那些「不匿厥指」的「舊人」；如果說王所敬欽的是自
己發布的命令，那是沒有意思的。同樣地，「罔有逸言」的，
也不是指「王」本人；所指的，應當也是那些「舊人」。因爲
「舊人」「罔有逸言」，「民」因此而「丕變」；這樣，正好
和下文盤庚指斥今人「聒聒」爭言成爲對比。文章的結構和意
思，從這樣來讀，便很合理和通順。江聲說：

　　　「先王謀任舊人共治其政，王數告之以所當爲，舊
　　　人修明之，不隱匿其怡意，王用是大敬之，言君臣
　　　一德一心也。是故令行于下，無有過言，民用是大
　　　變從化。」③

正好說明了《盤庚》這裏的意思。而近人如曾運乾《尚書正讀》④、屈萬里《尚書今註今譯》⑤、周秉鈞《尚書易解》⑥、王世舜《尚書譯注》⑦、吳璵《新譯尚書讀本》⑧等，都這樣解釋《盤庚》這裏的意思，我們沒有理由否定這個說法。

注釋

① 見《尚書正義》，《十三經注疏》本，册1，頁128上。

② 見《書經注釋》，上册，頁339。

③ 見《尚書集注音疏》，《皇清經解》本，册6，頁4105上。

④ 見頁100。

⑤ 見頁53。

⑥ 見頁92。

⑦ 見頁84。

⑧ 見頁59—60。

三十九、起信險膚

　　高本漢在討論《盤庚》「起信險膚」句時，對江聲的意見，頗有批評。他說：

> 「江聲以爲：『信』的意思就是『伸』。『伸』字平常都有『重複』、『重述』、『重說』的意思。
>
> 『膚』（*pliwo/piu/fu）有『浮（*b'iôg/ b'iəu/fou）的意思。『浮』是『漂浮』之義，在此就是『浮言』的意思，『浮言』就是『謠言』。所以，這句話就是說：『你開始並重複那邪惡的謠言。』因爲『膚』與『浮』兩字的現代音的近似（中古以前，聲音上根本不夠假借的條件），使江聲上了一次當，他對『膚』字的解釋，是沒有價值的。」①

　　謹案：江聲《尚書集注音疏》說：

> 「起、造言也。信，讀當爲引而信之之信。信，申說也。造爲險詖膚浮之語而申說之。」②

從江氏的說話，見不到江氏在膚、浮兩字之間有假借的說法；江氏或以爲「膚」引申爲「膚淺」，而說成爲「膚浮」，也未可料。高氏所說，非江氏原意。

注釋

① 見《書經注釋》，上冊，頁342。

② 見《尚書集注音疏》，《皇清經解》本，冊6，頁4105下。

四十、用罪伐厥死，用德彰厥善

　　高本漢在解釋《盤庚》這句時，採用了蔡沈的說法。①高氏說：

> 「蔡沈認為：『用』字，是指着那些聽話的人所説的。所以這句話的意思就是：『要是你們為惡，我就用死來懲罰你們；要是你們為善，我就彰顯你們的好處。』這麼講，雖然犧牲了工整的對仗句法，然而在意思上無疑是講對了。但是，問題是怎麼樣來解釋『伐厥死』有『用死來懲罰』這樣的意思，然則，《尚書》的這後半句話，一定是『伐致厥死』的省略了。」②

　　高氏大膽地改動經文來遷就己說，似難令人信服。周秉鈞《尚書易解》說：

> 「死，與善為對文，惡也。今按《韓詩外傳》八『遜且直，上也；切，次之；謗諫為下；懦為死。』懦為死者，懦為惡也。可證古代死字有惡義。」③

周氏用「惡」釋「死」，不但文義通順，更可保存文字的工整均齊，所說較高氏為長。

注釋

① 見《書集傳》，頁55。蔡氏說：「『用罪』，猶言爲惡；
『用德』，猶言爲善也。伐，猶誅也。言無有遠近親疏，凡
伐死彰善，惟視汝爲惡爲善如何爾。」

② 見《書經注釋》，上冊，頁361—362。

③ 見《尚書易解》，頁97。

四十一、乃話民之弗率

　　高本漢對《盤庚》這句話的解釋是：

　　　　「馬融說：『話』就是『告』的意思。所以，這句
　　　　話就是說：『他對那些不服從的人民演說。』《僞
　　　　孔傳》很正確地指出，『話』字的意思，並不止是
　　　　字面上的基本意義而已，它其實還帶有一種特定的
　　　　附義，就是：『善言』（『好話』、『有價值的話
　　　　語』）。事實上，『話言』是古代常用的一句成
　　　　語，意思就是『誡言』、『教訓』。……所以，這
　　　　句話的意思是：『於是他就訓諭那些不服從人
　　　　民。』」①

　　　高氏以爲「話」是「話言」，似有增字解經之嫌。此外，
「話」如解作「告」、「訓諭」，則與下文「誕告用亶」的
「告」重複，於義難通。俞樾認爲這句的「話」字，應作「會
合」解，他說：

　　　　「『話』當讀爲『佸』。《說文》『人』部：
　　　　『佸，會也。』字亦作『括』。《詩·車牽篇》
　　　　『德音來括』，《傳》曰：『括，會也。』蓋皆聲
　　　　近而義通。《盤庚》會合民之弗率者而誥之，故曰

　　　『乃話民之弗率』，『話』即『佸』之假字，不當

　　　以本義說之。」②

江聲說：

　　　「云『話、會合也』者，《說文》『言』部云：

　　　『話，合會善言也。从言，舌聲。譮，籀文話，从

　　　言會。』是話有會合之道。」③

俞、江之說，言之有理，可見「話」字从聲韻上和其籀文字形
上，都與「會合」義有關；而「話」作「會合」用，於《盤
庚》這裏，也可以說得很通順，所以這個說法，遠較高說可
取。

　　注釋

① 見《書經注釋》，上冊，頁364。

② 見《群經平議》，《皇清經解續編》本，冊20，頁15502
　　下。

③ 見《尚書集注音疏》，《皇清經解》本，冊6，頁4108下—
　　4109上。

四十二、高后丕乃崇降罪疾

　　高本漢認爲《盤庚》這句裏「丕乃崇」三字合起來，在文法上是很不自然的，所以他採用了漢石經作「高后丕乃知降罪疾」的寫法，把這句的意思講成：

　　　「高高在上的君王（祖先）們非常地認識此事並爲

　　　了那罪惡而降下禍災。」①

　　謹案：高氏的解釋很牽強，也不自然。王引之《經傳釋詞》把「丕乃」解作「於是」②，這樣講，整句說話的意思便很通順，明顯的比高說爲優勝。

　　注釋

① 見《書經注釋》，上冊，頁391。

② 見《經傳釋詞》，頁224。

四十三、古我先王將多于前功

　　高本漢《盤庚》這句的解釋是：

　　　　「『將』字有一種極為普遍的意義，就是：
　　　　『把』、『拿』。這也是『將』這個字原本的意
　　　　思。如此，這句話就是說：『古時候我們的先王們
　　　　對早先的功績增添了（＝拿來了）許多。』」①

　　高氏將「將」字解作「拿來」，引申而為「增添」，未免
過於牽強，且放在《盤庚》原文上來讀，也很不自然。孔穎達
說這句的意思是：

　　　　「言古者我之先王欲將多大於前人之功……。」②

「欲將」有「希望」、「願望」的意思。《詩經・氓》：「將
子無怒。」③《傳》：「將，願也。」④正是這個意思。把
「將」解作希望、願想，可把整句說得很通順，這個說法似較
高說為長。

注釋

① 見《書經注釋》，上冊，頁410。
② 見《尚書正義》，《十三經注疏》本，冊1，頁133下。
③ 見《毛詩正義》，《十三經注疏》本，冊2，頁134上。
④ 同上。

四十四、用降我凶德，嘉績于朕邦

　　高本漢將《盤庚》這句話和它的上文「古我先王，將多于前功，適于山」合在一起來講。高氏採納了于省吾對句中「凶德」的看法，認爲「凶德」應該是一個古人的成語。此外，高氏認爲「降」字如果下文有「幸福」或「災難」這一類意思的字詞時，它的意思總是「降下」，而其主詞也總是「天」，如《詩經・天保》「降爾遐福」、《雨無正》「降喪饑饉」、《執競》「降福簡簡」等。①因此，高氏以爲《盤庚》這句話的解釋，應該是這樣的：

　　「《尚書》此句的上文裏，並沒有提到『天』這一類的字樣，所以講解的時候就得加上去，以作爲『降』字的主詞。這種講法與《詩經・周頌・臣工》的『降福孔皆』及《周頌・有容》的『降福孔夷』，完全相同。在《尚書・多方》裏也有同樣的用法：『天惟降時喪。』意思就是：『天降下了敗喪（給他）。』……那麼，這句話就是說：『（古時候，我們的先王們，對於早先的功績增添了許多，他們到山地去）：因此，當（上天）對我們（人民）降下那邪惡的性情（頑梗的心念）的時候，他們卻在我們的國裏有了好的功績。』」②

　　謹案：于省吾《尚書新證》說：「《多方》：『爾尚不忌
于凶德。』是『凶德』古人成語。」③于說正確，而高本漢採
用了他的說法，也是正確的。但是，高氏以凡降字後，帶有災
難或幸福的意思時，降字的主詞必定是上天，這說法卻未免過
於大膽。高氏這個說法，放在《盤庚》這裏來看，似乎很不合
適，因爲高氏使到「用降我凶德，嘉績于朕邦」兩句的主詞前
後不一，使人難以理解；高氏的解說，並不可取。從《盤庚》
原文來看，從「古我先王」直至「嘉績于朕邦」止，主語似乎
都是文中的「先王」，全段是說先王爲了建立比前人更大的功
業，於是將他們遷到山上去，減卻了他們的災難，立功于國
家。蔡沈說：

　　　「降，下也。依山地高水下而無河圮之患，故曰用

　　　　下我凶德。嘉績、美功也。」④

屈萬里《尚書釋義》說：

　　　「降，罷退；除去。凶德，猶後世言災運也；《尚

　　　　書故》說。嘉，美也。績，功也。言災運既除，其

　　　　優美之功業在國家也。」⑤

《左傳・昭公元年》：「中聲以降。」⑥《注》：「降，罷
退。」⑦「降」有「罷退」的意思，於古有徵。「用降我凶
德」句中的「降」，當作「罷退」解，高氏解作「降下」，似
誤。這樣，蔡沈和屈萬里的說法，似較高說更爲合適和通順。

注釋

① 見《書經注釋》，上册，頁411—412。

② 同上，頁412。

③ 見《尚書新證》，頁20a。

④ 見《書集傳》，頁57。

⑤ 見《尚書釋義》，頁82。

⑥ 見《左傳注疏》，《十三經注疏》本，册6，頁708上。

⑦ 同上，頁708下。

四十五、好草竊姦宄

高本漢解釋《微子》這句的意思說：

「『草』字，有時候有『粗』的意思……與『細』
字的意思正相反。例如：《論語・憲問篇》說：
『裨諶草創之。』這話的意思也就是：『裨諶打了
一個（文件的）粗率的（草）稿子。』當然把『草
竊』兩個字合起來講是比較好的。（與下文的『姦
宄』一樣，它們本當是一個複詞的）所以，這句話
的意思就是說：『他們喜歡粗鄙地偷盜，與做那奸
惡、叛逆的勾當。』」①

謹案：《易・屯》：「天造草昧。」②《疏》：「草，謂
草創，初始之義。」③朱駿聲《說文通訓定聲》：「草，叚借
爲造，實爲俶。」④《說文》：「俶，……一曰：始也。」⑤
可見「草」有「初始」之義；由「初始」引申而有「粗略」之
義。《論語》：「裨諶草創之。」⑥朱熹《集註》：「草、略
也。創、造也。謂造爲草稿也。」⑦高氏引申爲「粗鄙」，似
失之。孫星衍說：

「草竊者，《廣雅・釋詁》云：『寇，鈔也。』
《釋言》云：『鈔，掠也。』《說文》云：『鈔，
叉取也。』鈔、沙聲俱與草相近。」⑧

孫氏以爲「草竊」爲「掠竊」，似得經義，實較高說爲長。

注釋

① 見《書經注釋》，上冊，頁452。

② 見《周易正義》，《十三經注疏》本，冊1，頁21下。

③ 同上，頁22上。

④ 見《說文通訓定聲》，《說文解字詁林》，冊2，頁473a。

⑤ 見《說文解字》，頁163下。

⑥ 見《論語注疏》，《十三經注疏》本，冊8，頁124上。

⑦ 見《四書集註》，頁95。

⑧ 見《尚書今古文注疏》，上冊，頁256。

四十六、嚮用五福，威用六極

　　《漢書・谷永傳》引《洪範》這句作：「饗用五福，畏用
六極。」①高本漢採用了這個異文，並把這句話的解釋說作：

　　　「這個『饗』字，在文字學上看，與『享』是同一
　　　個字。『享』有『享受』的意思。所以，『嚮
　　　（饗）用五福』的意思就是說：『高高興興地來受
　　　用那五種福祥。』平行地來看『威用六極』的意思
　　　就是：『驚怕地來受用那六種極端（「禍
　　　災」）』。把兩個動詞併起來講，幾乎句子沒有什
　　　麼意義。然則，所謂『威用六極』的意思實際上是
　　　說：『以一種應有的畏懼來接受那六種極端（禍
　　　災）。』這樣講，與上文的『饗用五福』正好形成
　　　了一個完全的對合。」②

　　高氏的說法，頗有些地方值得討論。

　　高氏說「饗」和「享」，在文字學上來看，是同一個字，
但他卻沒有提出支持這個說法的論證。

　　「饗」和「享」，在古籍裏多有混用的現象，但本義不
同，未可視爲同一個字。

　　「饗」字本義，似謂酒食。《說文》：

　　　「饗，鄉人飲酒也。从食，从鄉，鄉亦聲。」③

王筠《說文句讀》說：

>「《詩・七月》：『朋酒斯饗，日殺羔羊。』
>《傳》：『鄉人以狗，大夫加以羔羊。』許君本此
>詩爲説，以字從鄉也，於鄉飲酒禮無涉。」

「饗」字，甲骨文作 前一.三六.三，金文作 （宰曲
簋）⑤，李孝定說：

>「栔文、金文饗均不从食字，中从 與食同意，
>更从食於形已複。兩側象兩人相對饗食之形。古文
>公卿之卿，嚮背之嚮，饗食之饗，均如此作。許以
>鄉人飲酒解此字，稍失初誼。⑥

李說是也。朱駿聲《說文通訓定聲》說：

>「『饗』當訓『食也』，凡大飲賓曰饗，故受食亦
>曰饗。……《詩・彤弓》：『一朝饗之。《周禮・
>大行人》：『饗禮九獻。』《儀禮・聘禮》：『壹
>食再饗。』《禮記・曾子問》：『而後饗冠。』
>者，此飲賓也，饗之本義也。」⑦

朱說「饗」之本義是也。

「享」字，甲文作： （藏一一.三.一）、 （藏一
五二.三）、 （前二.三八）、 （後下.十七.九）等形
⑧；金文作： （亯簋）、 （乙父簋）、 （且辛且
癸簋）、 （亯觥）、 （盂鼎）、 （虢弔

鐘）、█（蘭戻盨）、█（楚嬴匜）等形⑨；籀文
作█；篆作█；隸作亯、作亨。⑩《說文》：

> 「█，獻也。从高省。█象進孰物形。《孝
>
> 經》曰：祭則鬼亯之。」⑪

許慎以爲指事字，惟揆諸字之初形，則似象宗廟之形。吳大澂
《古籀補》說：

> 「█ 古亯字，象宗廟之形。」⑫

高鴻縉《字例》說：

> 「吳大澂以爲象宗廟之形，可從。故得寄託祭享之
>
> 意。」⑬

由象宗廟之形，而爲祭祀，而爲奉獻，故享字有獻義。許慎得
其義而失其初形。

朱駿聲《說文通訓定聲》說：

> 「《爾雅·釋詁》：『享，孝也。』《廣雅·釋
>
> 言》：『亯，祀也。』按：字與饗別。享，神道
>
> 也；饗，人道也。」⑭

可見享、饗字義各別。徐灝《說文解字注箋》引戴侗說：

> 「戴氏侗曰：經傳饗爲饗食之饗，因之爲歆饗；享
>
> 爲享獻之享，因之爲享祀。《周官》、《儀禮》二
>
> 字之用，較然不紊，至他書往往錯用，蓋傳寫之譌
>
> 也，《楚茨》之詩曰：『以享以祀。』又曰：『神
>
> 保是饗。』此二字之辨也。」⑮

可見享、饗二字在經籍上的使用，也有分別。從字形結構，字義和使用上來看，享和饗都不是同一個字，高氏的講法，未免過於輕率，實未可從。

　　至於《洪範》這兩句的意思，高氏的說法，頗爲牽強，很難說得通順。考《儀禮·特牲饋食禮》：「祝饗。」⑯《注》：「饗，強勸之也。」。⑰「饗」有「勸」義。《僞孔傳》釋此句說：「言天所以嚮勸人……。」⑱「嚮」亦有「勸」義。曾運乾《尚書正讀》說：「嚮讀爲饗，勸饗也。威，罰罪也。」⑲周秉鈞《尚書易解》說：

　　　　「嚮，讀爲饗，勸也。福，幸福。威，畏也，古威
　　　　畏同音通用，《史記·宋世家》威作畏。極，窮
　　　　也，謂不幸。言人君當用五福和六極勸戒臣下。」
　　　　⑳

這個說法，實在很通順，較高說爲長。

注釋

① 見《漢書》，册11，頁3450。
② 見《書經注釋》，上册，頁486。
③ 見《說文解字》，頁107下。
④ 見《說文句讀》，《說文解字詁林》，册6，頁2201b。
⑤ 見《甲骨文編》，頁281；《金文詁林》，册7，頁3383。
⑥ 見《甲骨文字集釋》，第五，頁1773。

⑦ 見《說文通訓定聲》，《說文解字詁林》，冊6，頁2201b。

⑧ 同注⑥，頁1847。

⑨ 同注⑤，頁3529—3534。

⑩ 段玉裁以為 合 是籀文，這裏用他的意見。見《說文解字注》，《說文解字詁林》，冊6，頁2281a。

⑪ 同注③，頁111上。

⑫ 同注⑤，頁3537。

⑬ 同上，頁3539。

⑭ 同注⑦，頁2282a。

⑮ 見《說文解字注箋》，《說文解字詁林》，冊6，頁2201a、b。

⑯ 見《儀禮注疏》，《十三經注疏》本，冊4，頁530下。

⑰ 同上。

⑱ 見《尚書正義》，《十三經注疏》本，冊1，頁168下。

⑲ 見《尚書正讀》，頁128、

⑳ 見《尚書易解》，頁134。

四十七、皇建其有極，歛時五福，用敷錫厥庶民，惟時厥庶民于汝極，錫汝保極。

對於《洪範》這段說話，馬融的解釋是：

「以其能歛是五福，故眾民于汝取中正以歸心也。」①

高本漢批評馬融的解釋說：

「自馬融以上所有的注家們對本句的讀法，都如標題所示者。……我們看在『惟時厥庶民于汝極』這句話裏，『于汝極』三字，馬融是把它解釋爲：『于汝取中正。』（『從你取得中正之道』）而馬融《注》中的動詞『取』字，是《尚書》正文所沒有的話，如用此說則是增字解經了。」②

高氏以爲這句話的解釋應該是：

「我們應該把這句話，從第二個『錫』字以後斷句來讀。那麼這句話（的後半句）就成爲：『惟時厥庶民于汝極錫，汝保極。』現在我們再對全句話作一次意義上的分析。全句是說，『五福』就是君王實行正道的結果；當他把『福』（『幸福』）給予了人民的時候，他們就被賦予了正道；而這樣的情

　　　　形發展到了普天之下，他（君王）就可以保有正道
　　　　了。照這個看法來講，那麼這句話就是說：當那位
　　　　尊貴的堅定地建立了他所有的正道的時候，他（因
　　　　此就）收集了那五種福祥而大大地把它們（『五
　　　　福』）施給他的人民；人民也都被賦予了你的正
　　　　道，而你就（可以）保有正道了。』」③

　　謹案：如果照高氏所說，這句話便應該是：「于汝錫
極」。高氏的說法，在字序上頗有問題。《詩經・七月》：
「一之日于貉。」④《毛傳》：「于貉謂取狐狸皮也。」⑤
又：「晝爾于茅。」⑥《鄭箋》：「爾，女也。女當晝日往取
茅歸。」⑦可見「于」有「取」義；馬融當以「取」訓
「于」，與《詩》義同。高氏誤解馬說，而其解釋也不及馬融
通順，故不可取信。

　　注釋

① 《史記集解》引，見《宋微子世家》，《史記》，冊5，頁
　　1614。
② 見《書經注釋》，上冊，頁491。
③ 同上。
④ 見《毛詩正義》，《十三經注疏》本，冊2，頁283下。
⑤ 同上。
⑥ 同注④，頁285下。

⑦ 同上。

四十八、王省惟歲，卿士惟月，師尹惟日

　　高本漢將《洪範》篇中「卿士」說作：「高官和貴族」①，顯然是把「卿士」分開來解，似覺失實。《詩經・十月之交》：

> 「皇父卿士，番維司徒，家伯維宰，仲允膳夫，棸
> 子內史……」②

《鄭箋》說：

> 「皇父、家伯、仲允皆字；番、棸……皆氏。」③

可見《詩經》是以一人名一官名來列舉；皇父是人名，卿氏則是官名。陳奐《詩毛氏傳疏》說：

> 「士，事也，主掌六卿之事謂之卿士。卿士，三公
> 中執朝政者，幽王時則皇父也。」④

陳說是。《左傳・隱公三年》：

> 「鄭武公莊公，爲平王卿士。」⑤

《杜注》：

> 「卿士，王卿之執政者。」⑥

《國語・鄭語》：

> 「史伯曰：『夫虢石父讒諂巧從之人也，而立以爲
> 卿士……」⑦

皆足證『卿士』爲一官位，不得如高氏之分爲二事。

注釋

① 見《書經注釋》，上冊，頁519。

② 見《毛詩正義》，《十三經注疏》本，冊2，頁407下。

③ 同上。

④ 見《詩毛氏傳疏》，冊1，頁508。

⑤ 見《春秋左傳正義》，《十三經注疏》本，冊6，頁51上。

⑥ 同上。

⑦ 見《國語》，下冊，頁518。

四十九、猷大告爾多邦

高本漢對《大誥》「猷大告爾多邦」句的解釋是：

「馬融的本子此句作：『大誥繇爾多邦。』鄭玄的
本子則是作：『大誥猷爾多邦。』這一種經字的次
序，曾經被王莽采用過（見《漢書・翟方進傳》所
引述的：『大誥道諸侯王、三公、列侯……』）。
在《尚書》《多方》與《多士》兩篇裏，我們曾多
次地見到『猷告爾』這句話。其中『猷告』兩字實
在是一個複詞（『猷告』與《尚書・多方》裏所説
的『誥告』——『宣稱並告知』——意思是相同
的）。《爾雅》云：『猷，言也。』（就是『講
説』、『告訴』的意思）這句話或許就是指着《尚
書》《大誥》、《多方》裏的這一類例子而説的。
當然，由這個意思再加以引伸，我們就很容易看出
它就是：『計劃』、『策劃』、『謀略』，再轉
爲：『推究』、『論説』、『演講』、『説講』。
所以這句話的意思就是説：『我要大大地告訴並宣
講給你們（聽）。』（其他作『猷告』的，意思就
是説：『我要大大地宣講並告訴你們。』）」①

　　高氏採用了馬融和鄭玄的本子，又根據《多方》和《多士》兩篇的文字，以爲《大誥》這句必定是「告猷」作爲一個複詞，意思是「告訴並宣講」。其實，高氏所根據的《多方》和《多士》兩篇的句子，原來寫作：「王若曰猷告爾四國多方惟爾殷侯尹民。」（《多方》篇）②和「王曰猷告爾多士……」（《多士》篇）③。這兩句話的寫法，沒有證據可以證明「猷告」必定是一個複詞，在其他的古書上，也沒有這樣的例證。相反，《多方》和《多士》兩篇的寫法，分別是「王若曰猷」和「王曰猷」，這反而足以證明《大誥》篇的「王若曰猷」的字序是正確的。周秉鈞《尚書易解》說：

　　「『猷大誥』，馬融本作『大誥繇』，鄭玄、王肅本作『大誥猷』。楊遇夫先生《尚書說》曰：『《多士》、《多方》並云「王若曰猷」，知作「大誥繇」者誤也。』猷，嘆詞，猷與繇通，《爾雅》：『繇，於也。』」④

此說似是。吳璵《尚書讀本》說：

　　「誥，《說文》：『告也。』『大誥』猶甲骨文之『大命』，《酒誥》篇中之『大令』；亦猶今之佈告也。是『大誥』者，普遍告知天下之人也。因篇首有大誥之語，因以名篇。」⑤

此篇篇名稱「大誥」而不稱「大誥猷」，更可證明這句本作「猶大誥」。高氏說「告猷」是一個複詞，似無實證。高說未可輕信。

注釋

① 見《書經注釋》，上冊，頁555。

② 見《尚書正義》，《十三經注疏》本，冊1，頁255上。

③ 同上，頁238上。

④ 見《尚書易解》，頁156。

⑤ 見《尚書讀本》，頁91。

五十、弗造哲

　　高本漢認爲《大誥》「弗造哲」句中的「造」字，當作「完善」解，他說：

　　「把『造』字講成：『締造』、『造就』的意思，可以說是教育這一方面的一項術語，如我們說：『可造之材』、『造就人才』之類的話，就是這種意思。《禮記·王制》篇有『造士』的話，意思就是：『一個造就完整的高尚士人。』這當然是指經過學校教育的結果。其他的例證，請看拙著《詩經注釋》第八十七條，即《詩經·大雅·思齊》：『肆成人有德，小子有造。』句注。如此說來，這句話的意思就是：『我不是完善的，聰明的。』《尚書·君奭》篇說：『耇造德。』意思就是：『年長而又完美德行（的人）。』『造』字的意義與《大誥》此句的『造』字相同。」①

　　謹案：《禮記·王制》：「升於司徒者不征於鄉，升於學者不征於司徒，曰造士。」②《注》：「造，成也。能習禮則爲成士。」③《詩·思齊》：「肆成人有德，小子有造。」④《鄭箋》：「成人謂大夫士也，小子其弟子也。文王在於宗廟德如此，故大夫士皆有德，子弟皆有所造成。」⑤《尚書·君

奭》：「考造德不降。」⑥《鄭注》：「造，成也。」⑦《說文》：「造，就也。」⑧就和成，意義相近。可見，經傳中「造」字訓爲「成」，是說「完成」、「成就」，高氏將「造」解作「完善」，似無所據。孫星衍說：

> 「《漢書》作：『予未遭其明悊能道民于安，況其
> 能往知天命。』《注》：『師古曰：「言不遭遇明
> 智之人以自輔佐，而道百姓於安。道，讀曰
> 導。」』案：造爲遭者，《呂刑》『兩造具備』，
> 《史記》『造』作『遭』。……言『弗遭哲迪民
> 安』者，不遇賢人進用，使民安樂，況能上知天命
> 乎？」⑨

孫氏的說法既有古籍上的證據，又能把文義說得通順，是沒有理由不採用的。

在討論本句之後，高氏又兼論本篇下句「予造天役遺，大投艱于朕身」。高氏將這句中的「造」字解作「爲」、「履行」的意思；把「遺」字解作「疏忽」的意思。於是，高氏認爲這句的意思應是：「履行上天的事務時，我疏忽了，並且大大地把艱難拋到了我自己的身上。」⑩從《大誥》的文意上看，高氏的說法，是很牽強的。從句子的結構來看，依高氏的意見，則應當寫作：「予遺天役」，可見高說實未可信從。吳璵《尚書讀本》以爲這句應從「役」字下讀斷，他說：

　　　「遺，留也。投，棄也，擲也。魯先生（魯實先——

　　　——引者）謂：『「遺大」「投艱」句內相對爲文。

　　　「遺大」謂遺留下大的責任，指即位爲天子。「投

　　　艱」，謂抛擲下艱難的事業，指要應付這動亂的局

　　　面。』」

「遺大投艱」即「遺投大艱」，上文說「有大艱于西土」⑫，
下文說「惟大艱人」⑬，都以「大艱」作爲一個子句，可以作
爲佐證。由此看來，高氏對這句的看法，也是很有問題的，未
可採用。

注釋

① 見《書經注釋》，上冊，頁560。高氏文中所引《詩經注
　釋》論《思齊》篇「肆成人有德，小子有造」句的說話，轉
　錄如下：「這裏也不是說人民受王的影響如何；而是和通篇
　各句一樣，說王一個人的美德：『做一個成人，他有德行；
　做一個小孩子，他有深造。』這就和下文『古之人無斁』自
　然相接，說他從小到老都不斷的努力而止於至善。『造』字
　有這種意思（《鄭箋》說爲『造成』），可以證之於《禮
　記・王制》篇關於教育貴族子弟的記載：『樂正崇四術，立
　四教，順先王詩書禮樂以造士……王大子，王子，群后之大
　子，卿大夫元士之適子，國之俊選者皆造焉。』鄭《注》也
　是訓『造』爲『成』，『造』本來指『造作』，『造士』就

是使一個貴族子弟精通政治技術。」（見《詩經注釋》，下冊，頁789。）高氏在《詩經注釋》中將「造」解爲「造成」，在《尚書注釋》中則將「造」解爲「完善」，兩者並不一致。

② 見《禮記注疏》，《十三經注疏》本，冊5，頁256上下。

③ 同上，頁256下。

④ 見《毛詩正義》，《十三經注疏》本，冊2，頁563下。

⑤ 同上。

⑥ 見《尚書正義》，《十三經注疏》本，冊1，頁248上。

⑦ 見《魏書・管寧傳・裴注》引，《三國志》，冊2，頁359。

⑧ 見《說文解字》，頁39下。

⑨ 見《尚書今古文注疏》，下冊，頁343—344。

⑩ 見《書經注釋》，上冊，頁561。

⑪ 見《尚書讀本》，頁95。

⑫ 同注⑥，頁191上。

⑬ 同注⑥，頁194上。

五十一、不敢替上帝命

　　高本漢對《大誥》這句話的解釋是：

> 「王莽（見《漢書・翟方進傳》所引）的誥文此句
> 作：『不敢僭上帝命。』顏師古說『僭』的意思就
> 是『不信』。這個字本當是『做錯』、『犯錯』
> （這是很普通的）的意思，而在此地則是用作一個
> 表示原因的詞（使役字 causative），意思是：『認
> 爲是錯誤』，也就是：『找尋錯誤』。那麼，這句
> 話就是說：『不敢挑剔上帝的命令（我不敢對上帝
> 的命令加以駁判）。』很顯然地，今文經的原本必
> 定是作『僭』，這是『僭』字的省體。但是『僭』
> 的字形與『替』字極爲相似，因此譌誤而成爲《僞
> 孔傳》本的面目。」①

陳舜政說：

> 「高氏論經文當作『僭』是也。但是『僭』字的解
> 釋只據顏師古所謂『不信』之說即可，對文義非常
> 通順，毋需要轉成『找錯』，所以這一句話是：
> 『不敢不信上帝之命。』下文『天命不僭』的意思
> 是：『上天之命，非不信也。』高氏要轉意爲『找
> 錯』，『吹毛求疵』，或許是爲了避開詞性障礙，

　　　但是在中文裏，沒有這種文法上的限制，一個『不

　　信』也就夠了。」②

陳氏的批評是正確的。

注釋

① 見《書經注釋》，上冊，頁587。

② 見〈讀高本漢《尚書注釋》〉，《文史哲學報》，第17期，
　　頁319。謹案：高氏原文作："Wang Mang (Han Shu: Tse
　　Fang－tsin chuan) writes: pu kan tsien Shang ti ming, and Yen
　　Shi－ku explains this tsien as 'not to believe'. It properly means 'to
　　err' (common), here causative: 'to consider as faulty' i.e. to find
　　fault with: I dare not find fault with the command of God on High.
　　Evidently the Kin－wen had 朁, as short－form for 僭, and this
　　朁 was easily confused with the similar t'i 替."（見《遠東博物
　　館館刊》，第20期，頁270。）

五十二、爽邦由哲

高本漢對於《大誥》「爽邦由哲」句的解釋是：

「我們先得認爲這句話是王爲了斥責那些隨王征
討，但是卻抱有消極猶豫態度的諸侯們。在《尚
書・牧誓》裏，有『昧爽』一語。意思就是：『早
晨（早早的天明）。』可見『爽』字在這裏有
『明』的意思，但是它在《尚書》之中還有另外一
個意義，就是：『弄錯』、『反常』、『謬誤』。
如：《盤庚》篇云：『有爽德。』意思是說：『如
果你們有越軌（反常）德行的話。』……在《尚
書・雒誥》裏又有一句話說：『惟事其爽侮。』意
思就是：『那（祭祀的）事情將會謬誤並且沾
辱。』以上所論，可以從古籍的實例中看出『爽』
字的『謬誤』、『反常』等意思，在早期的文獻
裏，幾乎是經常出現的。其他的例子很多，如《逸
周書・成開解》、《謚法解》、《國語・周語
下》、《列子・黃帝篇》、昭公十五年《左傳》
等，不在此一一枚舉了。把這個意思挪到本句裏來
講，這句話就是說：『如果那些有錯誤的國家遵從

　　　賢哲的話，（就有十個人，服從並了解上帝的命

　　令）。』」①

　　從高氏的解釋看，他並沒有提出任何理由扶持他把「爽邦
由哲」句的「爽」字講成「錯誤」而不講作「明」解。同時，
高氏也迴避了《大誥》下句「亦惟十人」裏所謂「十人」，指
的究竟是那些人。從高氏的說話來看，那「十人」當是指「那
些有錯誤的國家」裏的十個賢人。但是，從《大誥》原文看
來，這「十人」應指本國裏的賢人。②因此，從上下文理來
說，高氏的解釋，是不合理的。

　　「爽邦由哲」句的解釋，《僞孔傳》說：

　　　「言其故有明國事用智道。」③

《書集傳》說：

　　　「爽，明也。爽厥師之爽。桀昏德，湯伐之，故言

　　　爽師。受昏德，武王伐之，故言爽邦。言昔武王之

　　　明大命於邦，皆由明智之士。」④

《僞孔傳》和蔡沈的解釋，都能把《大誥》這句說得通順，高
氏實在沒有理由不予採用的。

　　「爽邦由哲」句中「由哲」兩字，近人楊筠如《尚書覈
詁》以爲是一個古代成語。他說：

　　　「『由哲』，古成語，謂昌明也，善也。迪、由，

　　　古通用。由哲，一作迪哲。《無逸》『茲四人廸

哲』，是也。亦作哲迪，上文『弗造哲迪民康』，

是也。爽邦由哲，謂明爽其邦使昌明也。」⑤

楊氏之說，似亦言之成理，不宜遽予否定。「由哲」如果是古代的成語，則高說難以成立。

注釋

① 見《書經注釋》，上冊，頁601。

② 「亦惟十人」裏的「十人」，傳統上有兩個說法：其一，以爲是指前文所說的「民獻有十夫」的「十夫」，《僞孔傳》：「十人蹈知天命，謂人獻十夫來佐周。」（見《尚書正義》，《十三經注疏》本，冊1，頁194上。）即主此說。其二，以爲指文母、周公、太公、召公、畢公、榮公、太顚、閎夭、散宜生、南宮括等十人。《泰誓》：「予有亂臣十人。」《疏》：「《釋詁》云：『亂、治也。』故謂我治理之臣有十人也。十人皆是上智，咸識周是殷非，故人數雖少而心能同，同佐武王，欲共滅紂也。《論語》引此云：『予有亂臣十人。』而孔子論之有一婦人焉，則十人之內，其一是婦人，故先儒鄭玄等皆以十人爲文母、周公、太公、召公、畢公、榮公、太顚、閎夭、散宜生、南宮括也。」（經文、《疏》文竝同上引，見頁155上下。）是鄭玄等主此說。《書集傳》以爲應從第二說。蔡沈說：「先儒皆以十人爲十夫，然十夫民之賢者爾，恐未可以爲迪知帝命，未可

以爲越天棐忱。所謂迪知者，蹈行眞知之詞也。越天棐忱，
天命已歸之詞也。非臣昭武王以受天命者，不足以當之。況
《君奭》之書，周公歷舉虢叔、閎夭之徒，亦曰『迪知天
威』；於受殷命，亦曰『若天棐忱』。詳周公前後所言，則
十人之爲亂臣，又何疑哉。」（見《書集傳》，頁85。）皮
錫瑞則以爲應從第一說。他說：「莽以『亦惟宗室之俊，民
之表儀』，代《經》『亦惟十人』，與前以『宗室之儁四百
人，民儀九萬夫』代《經》『民儀有十夫』義合。則今文說
以此『亦惟十人』即前所云『民儀有十夫』，與《書・僞泰
誓・疏》引先儒鄭玄等皆以十人爲十亂不同。《大誥》乃周
公之言，公在十亂中，不應自稱，亦以今文家說爲優也。」
（見《今文尚書考證》，頁288。）二說姑不論孰是孰非，
但都以「十人」爲佐周之人，這和高說正相反。

③ 見《尚書正義》，《十三經注疏》本，冊1，頁194上。

④ 見《書集傳》，頁85。

⑤ 見《尚書覈詁》，頁167。

五十三、今民將在祗遹乃文考

　　對於前人有關《康誥》「今民將在祗遹乃文考」句的解
釋，高本漢認為《偽孔傳》的說法是不可以接受的。他說：

　　　　「《偽孔傳》把這句話講成：『今治民將在敬循汝
　　　文德之父⋯⋯。』為了使句子的意思清楚，就加上
　　　了『治』（動詞），毫無疑問這是我們不能接受
　　　的。」①

高氏接納了孫星衍的解釋，並把孫氏的意思講成：

　　　　「孫星衍要把這句話講成：『現在人民都將被安排
　　　（都注意）來遵循你那文父。』」②

孫氏《尚書今古文注疏》原文說：

　　　　「《釋詁》云：『肆、故，今也。』『祗，敬
　　　也。』『遹，述也。』⋯⋯言今之人將在敬述文
　　　王，繼其舊聞，依其德言。」③

實在不能看到孫氏有高氏所說的那些意思，這是要辨明的。

　　就《康誥》這句話的意思，高氏或孫氏的解釋，都似有所
未達。楊筠如《尚書覈詁》說：

　　　　「祗，《釋詁》：『敬也。』按：『民祗』，古成
　　　語。《多士》：『罔顧于天顯民祗。』《酒誥》：
　　　『罔顯于民祗。』皆其例也。《無逸》：『治民祗

懼。』即此所謂『治民將在祇』也。簡言之則曰民
祇，亦猶《詩》言『天維顯思』，簡言之則曰天顯
也。」④

姜昆武《詩書成詞考釋》說：

「『民祇』一詞，《尚書》四見，均言在上者如何
敬愛其民，即《無逸》『治民祇懼』之省略，是當
時政治理論核心之一，與明德、保民同出一系，故
實爲一種政治術語，未可以通語視之，意爲治民在
敬，而非用其本義，作『民之敬』也解。此當爲古
代語法中賓語前置常例之一，故在《尚書》民祇成
爲一變革之成詞。……《酒誥》『厥命罔顯，于民
祇保越怨不易』，『民祇保』者，祇民保民也。此
言紂王暴虐，不能顯德治民，不敬又不能安之，而
皆在怨，不可變易。《多士》言：紂大淫泆，治民
不敬，乃不顧天顯示于民意之天命，而治民不敬。
《無逸》言殷王中宗能度天命，恭敬小心，以治愛
其民，而不敢荒寧也。自上四例，若用民之恭敬繹
之，則文意辭意均不順適，故《康誥》之孔《傳》
所釋甚得經旨，是漢人善體文理之一例。」⑤

楊、姜二氏的說法，頗有例證支持，也能把經意說得通順，似
爲可信。高氏於《僞孔傳》的解釋，未有深究古漢語語詞之習
慣，而即遽予否定，似失諸武斷。

注釋

① 見《書經注釋》，上冊，頁623。

② 同上，頁624。

③ 見《尚書今古文注疏》，下冊，頁361。

④ 見《尚書覈詁》，頁172。

⑤ 見《詩書成詞考釋》，山東：齊魯書社，1989年，頁145—
　 146。

五十四、弘于天，若德裕，乃身不廢 在王命

　　高本漢將《康誥》這段說話中的「在」字解作「細察」，
他說：

> 「……『廢』與『命』連起來用，一般都有『忽視
> 命令』的意思（在金文裏，這種用法，可以說比比
> 皆是），而在《尚書》此句裏，『廢』、『命』的
> 意思必然還是如此的。那麼，我們《尚書》的這句
> 話就是說：『你將會大大地受到上天的庇護（『覆
> 蓋』），那種柔順的德行將會在你的身上盛多起
> 來，你將不會忽視於細察（在──延期──細考）
> 王的命令。」①

陳舜政認為高氏的說法，頗有問題，他說：

> 「高氏之說蓋以『在』為『察』。《堯典》『平在
> 朔易』，『在』字與此句義同。然就高氏所舉金文
> 『廢命』之例視之，則此句之作『廢……命』，其
> 兩者意義未必相同，且以高氏譯文視之，本句
> 『廢』與『命』之中，又另有別的動詞，所以這說
> 法不免牽強。『在』其實即是『于』、或『於』。
> 此例經傳之中所見甚多。如：《詩·小雅·魚

藻》：『魚在在藻。』（下『在』字訓『于』）
《大雅‧文王》：『天監在下。』《尚書‧酒
誥》：『庶群自酒，腥聞在上。』《尚書‧文侯之
命》：『昭升于上，敷聞在下。』（『于』和
『在』為互文。）《墨子‧非樂上篇》：『當在樂
之為物，將不可不禁而止也。』襄公十一年《左
傳》：『藏在盟府。』而僖公五年《左傳》云：
『藏於盟府。』兩句句法完全相同，惟『在』，
『於』之異耳。以上之例，『在』皆訓『于』。又
以《荀子》所引『宏覆乎天』一句之高氏譯文衡
之，既然『宏覆乎（于）天』意為『被天保護』，
則此句亦應同為被動語氣。故『廢在王命』，即
『廢于王命』，意謂『被王命廢』。所以『不廢在
王命』即是『不被王命所廢』。高氏勉強割裂金文
『廢命』之說，又不知『在』可訓『于』，其說解
大多失之。」②

陳說有頗多證據支持，於文意也很通順，實較高說為長。曾運
乾說：

「不廢在王命，語倒，猶云在王命不廢也。」③

屈萬里說：

「廢，廢黜也。言能保其爵位，不至受王命廢黜
也。」④

曾、屈二氏之說，與陳說相近，益說明高說之不可信。

注釋

① 見《書經注釋》，上冊，頁627。

② 見〈讀高本漢《書經注釋》〉，《文史哲學報》，第17期，頁322。

③ 見《尚書正讀》，頁161。

④ 見《尚書釋義》，頁116。

五十五、乃別播敷造，民大譽，弗念弗庸

《漢書·王尊傳》載：

> 「春正月，美陽女子告假子不孝，曰：『兒常以我
> 爲妻，妒笞我。』尊聞之，遣吏收捕驗問，辭服。
> 尊曰：『律無妻母之法，聖人所不忍書，此經所謂
> 造獄者也。』」①

《漢書·注》引晉灼說：

> 「《歐陽尚書》有此造獄事也。」②

孫星衍參考了《漢書》的記載，以爲《康誥》這句話裏的
「造」字，應作「造獄」解，並把這句話讀成：「乃別播敷
造，民大譽，弗念弗庸。」孫氏說：

> 「造獄者，不循常法；遇非常之事，不得已而用
> 之。今或別爲傳播，以陷有名之人，同惡相引，是
> 可誅也。歐陽『造獄』，別無可附，疑今文說此條
> 之義也。」③

高本漢採用了孫氏的說法來解釋《康誥》這句話，他說：

> 「孫星衍主張把這句話讀成：『乃別播敷造，民大
> 譽，弗念弗庸。』孫氏的這種說法，是本自《漢
> 書》而來。《漢書·王尊傳》記王尊（西元前第一
> 世紀）的話說：『此經所謂造獄者也。』（『造

獄』，就是『制訂刑法』）《注》引晉灼云：
『《歐陽尚書》有此造獄事也。』這話除了是對
《尚書・康誥》此句而說外，必然別無所指。這一
個現今最早的《尚書》學派（《歐陽尚書》起於漢
代中葉）是把『造』字講成『制訂』、『締造』。
特別說的是制訂新的刑罰。那麼，這句話的意思就
是：『他們別自地頒佈自己制訂的（刑罰）；在人
民之中那些有偉大名譽的，他們卻不考慮他們，不
任用他們。』」④

謹案：將《漢書・注》所引晉灼的說話視爲《康誥》這裏
的解釋，顯然欠缺確實的證據。陳舜政說：

「『造』，與『造獄』在意義上的出入很大。根據
《漢書・王尊傳》所載《歐陽尚書》的今文說，在
當時恐怕多少有些政治的目的。未必就是《尚書》
經文的本義。歐陽之說頗有增字之嫌，因爲王尊他
所以要引歐陽的經說，其目的是爲了增加他主張加
制新法的理由。而《尚書》此句的本義由它的上下
文可以斷定，是根據增制新法來指責官吏們的爲
惡，義自矛盾。如果《尚書》此句的本義確如孫
《疏》的說法，則王尊的話就是斷章取義。如果
《漢書・王尊傳》與《注》所引晉灼的話是對的
話，則歐陽氏的『造獄』之說一定別有所指，不當

在此句之下。清儒已經認爲《尚書》這句話的材料
不好處理。所以孫星衍才說：『歐陽造獄，別無可
附，疑今文說此條之義也。』孫氏也只敢在『別無
可附』的條件下，下了一個『疑』字的斷語。」⑤

陳氏由《康誥》和《漢書》兩書內容的矛盾來否定高氏之說，
很有道理。陳氏又說：

「屈萬里先生讀此句爲：『乃別播敷，造民大譽，
弗念弗庸。』《注釋》云：『按：別，另也。播，
散。敷，布也。播敷謂宣布政念也。』『造民大
譽』，謂在民眾中自造成盛大之榮譽。念，謂顧念
政事。庸，《爾雅》謂：「勞也。」』這樣由字面
上去解釋，儘量避免經的問題，蓋發揮蔡沈《集
傳》之說也。」⑥

曾運乾說：

「播、布。敷、施也。別播敷者，別有宣布敷施
也。造、爲也、詐也。《周禮·大司徒》：『以鄉
八刑糾萬民，七曰造言之刑。』《注》：『訛言惑
眾。』此言『造民大譽』者，詐言干譽也。『弗念
弗庸』，皆指『大戛』言。《詩》：『不愆不忘，
率由舊章。』弗念，忘舊也。弗庸，愆舊也。」⑦

吳璵說：

「別，《説文》：『分解也。』即另外。播，散
也。數，布也。即擅自傳布政令，亦即歪曲政令，
討好大眾也。造，成也。譽，稱也。謂造成民間美
名也。念，思也。庸，用也。即不顧念政事之體
制，不用天子教令也。」⑧

所說都能將《康誥》這句話說得通順，似乎都較高說優勝。

注釋

① 見《漢書》，冊10，頁3227。

② 同上。

③ 見《尚書今古文注疏》，下冊，頁368。

④ 見《書經注釋》，上冊，頁652。

⑤ 見〈讀高本漢《書經注釋》〉，《文史哲學報》，第17
期，頁324。

⑥ 同上。

⑦ 見《尚書正讀》，頁167。

⑧ 見《尚書讀本》，頁105。

五十六、王若曰

　　高本漢認爲《酒誥》篇的作者是武王，因此他以爲篇中句首的「王若曰」的「王」字，當指武王。他的理由是：

　　　「我們不論從這三篇（謹案：指《康誥》、《酒誥》、《梓材》三篇）的文體上看，或從這三篇之中對康叔的稱謂——『小子封』、『汝惟小子封』、『汝惟小子』、『封』——上看，原來它們必定是互相連屬的。這三篇是屬於一個單元的。它們所講述的，都是同一類型的莊重而正經的事體。（《韓非子・說林篇》裏曾引用了今本《酒誥》的話，可是他卻說是《康誥》，這也可證明三者密切的關係了。）另外，同樣明顯的一個道理是，年輕的成王，絕不可能自己稱康叔封爲『小子封』或用『汝惟小子』這樣的字眼。《左傳》的作者之所以會認爲是周公代行成王之命，其關鍵必是在此了。但是我們在上文（一六二二條）①所見的那幾個說法，其實是都有問題的。宋代的理學家們，很早就懷疑過這些傳統的說法，而認爲《康誥》必定是武王所頒述的誡諭。並且，武王顯然也就是《酒誥》與《梓材》的作者了。現在原文說：『王若曰』

（王就這樣地說），而馬融與鄭玄把它改成：『成
王若曰』。這完全是因爲馬、鄭企圖把這句話用來
符合『作《書序》司馬』的傳統。可是因爲在這幾
篇裏對於康叔的稱謂（我們知道周武王死了以後，
康絕不可能還是一個『小子』），實際上便可否定
此篇不是成王作的。所以馬、鄭的改字，也就毫無
價值可言了。」②

高氏主要根據《康誥》、《酒誥》和《梓材》三篇對康叔的稱
謂來論證《酒誥》的作者。高氏以爲三篇對康叔的稱謂是相類
似的，所以它們必定是互相通屬的；《康誥》的作者是武王，
因此《酒誥》的作者必定是武王無疑。其實，三篇對康叔的稱
謂是有分別的，高氏對此卻疏忽了，因而他的推論便沒有價
值。程元敏《論尚書大誥諸篇『王曰』之王非周公自稱
（下）》對這個問題有很詳細的論釋：

「復考《康誥》與《酒誥》、《梓材》三篇，天子
予受封者之稱呼，有一顯著不同處，即前者稱康叔
封爲『封』爲『小子』，後者則但稱『封』，不稱
『小子』。……（康誥）單稱『封』者十二次，
『小子』與『封』連稱者四次，單稱『小子』者亦
得二次。考自謙用『小子』，雖毫耋亦不嫌（《君
奭》篇記周公甚老，至『鳴鳥不聞』，尚自言『今
在予小子旦』、『在今予小子旦』。──原注）；

他人則應論年輩，《梓材》（篇中可能有錯簡，此
不及論）與《酒誥》篇天子絕未稱受命者『小
子』……兩篇稱康叔曰『封』六次，而絕不一及
『小子』，亦絕不以孺子、沖子、沖人、幼沖人稱
之。此與《康誥》動呼叔封爲『小子』者迥異，顯
然非出於一口。且《酒誥》王亦四言『小子』——
曰『文王誥教小子』、『惟曰我民迪小子惟土物
愛』、『越小大德，小子惟一』、『我西土棐徂邦
居、御事、小子，尚克用文王教，不腆于酒』、
『小子』皆不指康叔，此尤非偶然。若堅持《康
誥》、《酒誥》、《梓材》三篇同時而衹略有先後
著成且均爲周公以自己名義誥叔封之書，則何以同
出於一人之口，而發誥時間又甚接近，乃有此顯著
差異？而惟一合理之解釋：即《康誥》出於武王之
口，故屢呼其九弟封爲小子；《酒》、《梓》二誥
成王所發，得稱受命者本名，但姪不得呼叔父爲小
子，故史官無從記撰也審矣。」③

程說證據確然，當可信。

　本篇「王若曰」下云：「明大命于妹邦。」④馬融說：
「妹邦，即牧養之地。」⑤牧養，即牧野；牧野之牧，《說
文》作坶⑥，云：

「朝歌南七十里地。《周書》：武王與紂戰于坶
野。」⑦

桂馥云：

「『朝歌南七十里地』者，《書・釋文》引云：
『地名，在朝歌南七十里。』《書・牧誓》：『王
朝至于商郊牧野。』《正義》：『皇甫謐云：「在
朝歌南七十里。」不知出何書也。』《書・序》：
『武王與受戰于牧野。』《鄭注》：『牧野，紂南
郊地名。』《史記・殷本紀》：『周武王於是遂率
諸侯伐紂，紂亦發兵距之牧野。』《集解》：『牧
野，紂南郊地名也。』《魯世家》：『伐紂至牧
野。』《正義》：『衛州，即牧野之地，東北去朝
歌七十三里。』《括地志》：『紂都朝歌，故城在
衛州東北七十三里，今衛州城即殷牧野之地，周武
王伐紂築也。』」⑧

然則妹邦其地在衛州朝歌（今河南淇縣⑨）南約七十里⑩。康
叔之封於衛，當在成王時。《史記・周本紀》載：

「周公奉成王命，伐誅武康、管叔，放蔡叔……頗
收殷餘民，以封武王少弟爲衛康叔。」⑪

《逸周書・作雒解》：

「（武）王既歸，乃歲十二月，崩鎬，殣于岐周。

周公立，相天子⋯⋯二年，又作師旅，臨衛政

殷⋯⋯俾康叔宇于殷⋯⋯。」⑫

《左傳・定四年》說：

「昔武王克商，成王定之。選建明德，以藩屏

周⋯⋯分康叔以大路⋯⋯殷民七族⋯⋯而封於殷

虛。」⑬

《酒誥》云「明大命于妹邦」，當是康叔封妹邦時的誥命，其
時武王已死，可見《酒誥》的撰寫者定非武王極明，而高氏卻
對此瞢然不審，仍謂此篇是武王誥康叔之誡命，其論證實欠周
密。

注釋

① 見《書經注釋》，下冊，頁612—614。

② 同上，頁663—664。

③ 見〈論尚書大誥諸篇「王曰」之王非周公自稱（下）〉，
　《孔孟學報》，第29期，1975年4月，頁177—178。

④ 見《尚書正義》，《十三經注疏》本，冊1，頁206下。

⑤ 見《釋文》引，同上。

⑥ 見《說文解字》，頁286上。《段注》云：「今《書序》紂
　作受、坶作牧。《詩・大明》：『矢于牧野。』《正義》引
　鄭《書序・注》云：『牧野，紂南郊地名。《禮記》及

《詩》作「坶野」，古字耳。」此鄭所見《詩》、《禮記》作『坶』，《書序》袛作『牧』也。許所據《序》則作『坶』，蓋所傳有不同。坶作㚊者，字之增改也。每亦母聲也。」（見《說文解字詁林》，冊13，頁6097b。）

⑦ 見《說文解字》，頁286上。

⑧ 見《說文解字義證》，《說文解字詁林》，冊13，頁6097b。

⑨ 見譚其驤：《中國歷史地圖集》，上海：地圖出版社，1982年，冊1，圖17—18。

⑩ 《僞孔傳》云：「妹，地名，紂所都，朝歌以北是。」（見《尚書正義》，《十三經注疏》本，冊1，頁206下）此說妹之地望，實非。

⑪ 見《史記》，冊1，頁132。

⑫ 見《逸周書集訓校釋》，《續皇清經解》本，冊15，頁11409上下。

⑬ 見《左傳正義》，《十三經注疏》本，冊6，頁947上—948下。

五十七、惟天降命，肇我民惟元祀

　　高本漢解釋《酒誥》「惟天降命，肇我民惟元祀」這句說話，採用了俞樾的意見。高氏說：

　　「俞樾很正確地指出，『元祀』的意思並不是『偉大的祭祀』，它的意思應該是：『基本、原始、開端的祭祀』。舉行這種祭祀的意義，與王朝的肇始建立有緊密的關係。這一點，我們從這一篇的本文裏也看得出來。所以這句話就是說：『當上天降下訓命的時候，肇造給我們人民的，就是那些基本的祭祀。』（也就是對於開國者、肇始者的祭祀；在這些祭祀裏應該獻祭酒。）」①

高氏似誤解了俞樾的意思。俞樾《群經平議》說：

　　「『肇我民惟元祀』，言與我民更始，惟此元祀也。『元祀』者，文王之元年。上文曰：肇國在西土，『肇國』者，始建國之謂，故知是文王元年也。曰『元祀』者，猶用殷法也，蓋文王元年即有此命，故云然耳。」②

陳舜政說：

　　「知高氏誤以『元祀』爲是祭祀之一種，然而俞氏以『元祀』爲改國爲周文王元年矣。」③

其說是也。

注釋

① 見《書經注釋》，下冊，頁664—665。

② 見《群經平議》，《皇清經解續編》本，冊20，頁15520下。

③ 見〈讀高本漢《書經注釋》〉，《文史哲學報》，第17期，頁327。

五十八、罔非酒惟行

　　對於《酒誥》「罔非酒惟行」句，《偽孔傳》說：

　　「天下威罰，使民亂德，亦無非以酒為行者，言酒
　　本為祭祀，亦為亂行。」①

高本漢對《偽孔傳》的解釋，有這樣的意見：

　　「《偽孔傳》是把『行』字當作一個名詞來講
　　（《經典釋文》因此也就把『行』字讀成去聲）。
　　他說此句為：『無非以酒為行者，言酒本為祭祀，
　　亦為亂行。』這話的意思也就是說：『無非都是酒
　　表徵了行為。』這句話與下一句（句構相同）正好
　　形成了對句。下文的這句話是：『罔非酒惟辜』。
　　意思是：『無非都是酒造成了過錯。』前一句的解
　　說，我們覺得從文法與文體上看，都不免有些笨拙
　　與不足，不過這種說法，在早期的文獻當中所見甚
　　多，特別是在《論語》裏。」②

高氏將《偽孔傳》的意思說作：「無非都是酒表徵了行為。」
③但是從《偽孔傳》原文來看，卻沒有「表徵」這個意思。
《偽孔傳》說「惟」作「為」，是「是」的意思；「行」作
「亂行」，是「敗亂的行為」；全句的意思便是：「無非酒是
敗亂的行為。」高氏於《偽孔傳》之說，似有誤解。

　　《僞孔傳》將「行」講爲「亂行」，似有增字解經之嫌；
但即使如此來解釋《酒誥》這句話，意思也很不通順。近人曾
運乾將「行」講作「用」，他說：

　　「行，用也。……言天降威，喪其身與亡其國，莫

　　非酒階之屬也。」④

周秉鈞承其說，曰：

　　「行，用也。……言天降威罰，我民通常大亂失其

　　德行，亦無非以酒爲用。」⑤

屈萬里則以「行」作「風行」解，說：

　　「行，猶風行之行，謂普遍使用。」⑥

並將這話的意思說作：「也沒有不是由於喝酒之風流行的關
係。」⑦

　　以上曾、周、屈諸氏的說法，都能將這話的意思說得通
順，也確實比《僞孔傳》的說法爲合適，可以補充高說之不
足。

注釋

① 見《尚書正義》，《十三經注疏》本，册1，頁207上。

② 見《書經注釋》，下册，頁665。

③ 高氏原文作："It was always the wine that (was the conduct=)
　　characterized the conduct." （見《遠東博物館館刊》，第20
　　期，頁297。）

④ 見《尚書正讀》，頁173。

⑤ 見《尚書易解》，頁181—182。

⑥ 見《尚書今註今譯》，頁106。

⑦ 同上，頁107。

五十九、文王誥敎小子有正有事，無彝酒

　　高本漢以爲《酒誥》這句裏的「小子」是指「康叔封」。
他說：

　　「孫星衍認爲：『小子』在此處就是指『康叔封』
　　說的。在此句下文裏的一處有稱爲『封』的，可見
　　『小子』必是指他了。我們知道《康誥》的通篇
　　裏，『康叔封』一直都被稱爲『小子封』的，而因
　　爲《康誥》、《酒誥》、《梓材》三者本是一個單
　　元裏的，當然在《酒誥》裏聽訓的這個人也必定是
　　康叔了（《梓材》裏也是一樣）。因此孫星衍此說
　　應該是毫無疑問的。所以，這句話的意思就是說：
　　『文王告訴並教訓了你這年輕人與主要官員們以及
　　那些（低級的）執事的官吏們，不要經常用
　　酒。』」①

　　謹案：孫星衍的說法②，並無任何實質的證據；而高氏的
意見，也並不可信，因爲在上文第五十六條的討論裏，我們知
道《酒誥》名義上的頒告者應當是成王，成王不應稱其叔父康
叔爲小子。此外，在武王之時，康叔有無受封，史籍並無記
載，可見武王時，康叔在政治上並不重要，因此在更早的文王

時代，他是否有這樣的重要性，使文王要特別向他誥教用酒之事，這是非常值得懷疑的。《酒誥》下文說：「王曰：封，我西土棐徂邦君、御事、小子，尚克用文王教，不腆于酒，故我至于今，克受殷之命。」③這段說話裏的「小子」，不能指「康叔封」，因爲：一、如果「小子」指的是「封」，則整段話便很難說得通順；二、假若「小子」是「康叔」，則他已「克用文王教，不腆于酒」，如此，這篇誥命便無意義了。因此，高氏說《酒誥》裏的「小子」，指的必是「康叔」明顯地是錯誤的。

注釋

① 見《書經注釋》，下冊，頁666。

② 孫氏只說：「小子，謂康叔。」見《尚書今古文注疏》，下用，頁376。

③ 見《尚書正義》，《十三經注疏》本，冊1，頁208下。

六十、成王畏相

　　《酒誥》這裏，高本漢以爲應該和下文連起來解，讀作：
「成王畏，相惟御事」①；他說：

> 　　「《詩經・周頌・雝》篇云：『相惟辟公』，意思
> 是：『那輔助的，是國君與諸侯。』『相惟辟公』
> 與《尚書》此句的『相惟御事』句構完全一樣。所
> 以，這句話的意思就是說：『他們成就了他們王室
> 的威嚴；那輔助的，是執事的大臣們。』關於這句
> 話的前半句，本篇的下文還有一句話，可以當作補
> 充本句的材料。這句話是說：『助成王顯德。』意
> 思是：『他們幫助來成就君王美德的彰顯。』使成
> 字有一個受詞，在文義上當然是很通順的，這樣一
> 來，『王』字就只是一個『所有位』（genitive）的
> 字。」②

　　高氏將《酒誥》這裏讀作「相惟御事」，使和《詩經・
雝》篇「相惟辟公」③句的結構相同，而用這個比較，作爲他
論說的證據。高氏這樣的論證，未免過於輕率，因爲他所說的
兩處「句構相同」，可能只是偶合，不可作爲墻證。其次，
「御事」一詞，在《酒誥》這裏，是否作爲官職解，也有可商
榷之處。曾運乾和周秉鈞都以爲「御事」是指「治事」，不作

官職解④；他們的解釋，在《酒誥》這句裏是說得通的，所以不容忽視。此外，這句裏的「相」字，究竟屬上讀或下讀，也是值得商議的。《僞孔傳》以爲「相」字屬上讀，以「成王畏相」爲句，「相」字作輔臣解：他說：

「猶保成其王道，畏敬輔相之臣，不敢爲非。」⑤

于省吾則以爲「相」應作「省視」解，他說：

「孫星衍云：『《周語》：「叔向曰：『成王不敢康。』」《注》云：「謂修己自勸，以成其王功。」』按：『相』不應訓『輔相』。《說文》：『相，省視也。』相、省二字義同古通。《廣雅》：『畏，敬也。』『畏相』畏敬省察，謂克己之功。」⑥

楊筠如則以爲「成王」當作「賢王」解，他說：

「成王，謂有成德之王。成者，美稱，故湯亦稱成湯也。下文惟助成王德顯，成王，亦謂賢王耳。《詩·昊天有成命》：『成王不敢康。』亦與此同。相，《說文》：『省視也。』『畏相』猶言『敬省』，非輔相之謂也。」⑦

《僞孔傳》的說法，雖無佐證，但文義通順，可備爲一說。于、楊二氏之說，確然有據，未可否定。由此可見，《酒誥》這裏讀成「成王畏相」爲句，未爲不可，高氏的看法，似失諸主觀，有欠周全。

注釋

① 見《書經注釋》，下册，頁681。

② 同上。

③ 見《毛詩正義》，《十三經注疏》本，册2，頁734。

④ 見《尚書正讀》，頁177；《尚書易解》，頁185。

⑤ 見《尚書正義》，《十三經注疏》本，册1，頁209上。

⑥ 見《尚書新證》，頁140。

⑦ 見《尚書覈詁》，頁189。

六十一、王其效邦君越御事，厥命曷以

　　高本漢在討論《梓材》「王其效邦君越御事，厥命曷以」句時，批評《僞孔傳》的解釋說：

> 「《僞孔傳》的解釋，按照孔穎達所講的，這句話的意思就是說：『王者其當效實，國君及於御治事者，須知其教所施何用。』（『王應該為成效而努力；諸侯邦君以及執事的大臣（應該知道）他的命令的意旨為何』）」①

考《僞孔傳》原文說：

> 「王者其效實國君及於御事者，知其教命所施何用，不可不勤。」②

《僞孔傳》將經文中「效」字說作「效實」，意思隱晦，難以使人明白；《孔疏》只是襲用其詞，沒有伸說。高氏卻武斷地將《僞孔傳》「效實」的意思說作「為成效而努力」，這說法似很牽強，不合經義，也不合《僞孔傳》的意思。王引之以為「效實」應作「考實」解，他說：

> 「《廣雅》：『效，考也。』謂王其稽考邦君與御事者，其教命果何用也。《傳》云『效實』者，考實也。（《楚辭‧九章》：『弗參驗以考實兮。』

　　——原注）效之言校，校亦考也。《齊語》：『合
　　群安比校民之有道者。』賈逵注曰：『校，考
　　也。』（見《文選・長揚賦・注》——原注）」③
王氏的解釋，對《僞孔傳》來說，是合理和通順的。高氏的說
法不確。

　　此外，高氏以爲蔡沈對《梓材》這句的解釋是：

　　「蔡沈把這句話講成：『王所以責效邦君御事者，
　　其命何以哉。』意思是說：『王把訓諭給予（責
　　成）諸侯邦君跟執事大臣，他的命令旨意爲何
　　呢？』」④

蔡沈將《梓材》句中的「效」字說爲「責效」，疑其意也當是
「責考」，這樣，文意才通順可解。高氏將蔡沈「責效」的意
思解作「給予（責成）」，似過於牽強。

　　《梓材》這句的「效」字，王引之《經義述聞》以爲借作
「校」、作「考」解，從句子本身來看，固可成義，但就經義
來說，謂帝王校考臣下，則似有未合。金履祥《尚書表注》將
《梓材》這句話的意思說作：

　　「述王教邦君在於養恬。」⑤

金氏以「教」說「效」。案：教、效，上古竝屬「宵」部。⑥
《說文》：「教，上所施，下所效也。」⑦效得引伸爲教。教
字，《說文》古文作 𢼂 ⑧，與效字形近易混。由此可見，無

論形音義三方面，效和教都有密切的關係。楊筠如《尚書覈詁》說：

> 「效，《廣雅》：『教，效也。』則效亦謂教也。」⑨

曾運乾《尚書正讀》：

> 「效，當爲效，形之譌也。效、教古今字。教，教令也。」⑩

諸氏竝以「效」爲「教」，似得經義。高氏對這句的解釋，則欠周詳。

注釋

① 見《書經注釋》，下册，頁706。

② 見《尚書正義》，《十三經注疏》本，册1，頁212下。

③ 見《經義述聞》，《皇清經解》本，册17，頁12635上。

④ 同注①。

⑤ 見《尚書表注》，《通志堂經解》，册13，頁7869下。

⑥ 見《漢語史稿》，上册，頁81。

⑦ 見《說文解字》，頁69下。

⑧ 同上。

⑨ 見《尚書覈詁》，頁198。

⑩ 見《尚書正讀》，頁184。

六十二、庶邦享

　　高本漢把《梓材》這句話讀作：「庶邦享，作兄弟方來」
①，以為意思是：「所有的邦國都帶來了呈獻的禮品」②，
「像兄弟一樣的，他們從各處來了。」③高氏把「作」講為
「像」，似欠古籍上的例證支持。「作兄弟方來」為句，於文
意亦欠通順。孫星衍讀這句作：「庶邦享作，兄弟方來。」④
他說：

> 「作者，《詩傳》云：『始也。』享作，猶言作
> 享。方者，鄭注《儀禮》云：『猶併也。』言今王
> 爰思先王勤勞用明德之臣，來為夾輔，是以眾邦始
> 來享，兄弟之國並來賓服，亦己奉明德矣。」⑤

孫氏句讀，似較高讀合理，但孫氏將「享作」為「作享」解，
只是他的推想，沒有實質的證據支持。程元敏說：

> 「作，起也；興也（《尚書釋義》頁九十）。享
> 作，言興起而進獻（貢）於王朝也。作，《尚書今
> 古文注疏》（卷十七頁六六）訓始，享作謂始來
> 享。案：『作享』倒作『享作』，《尚書》中無此
> 句法，而作訓興起，謂進獻之事興作（將『享』字
> 提前），語法則古籍中習見。」⑥

　　謹案：程說是也。《說文》：「作，起也。」⑦《詩・秦・無衣》：「與子偕作。」⑧《毛傳》：「作，起也。」⑨皆可爲程說證。「庶邦享作，兄弟方來」，「作」與「來」相對，句構相稱，文義通順，實較高說爲優。又考孫詒讓以爲「作」當作「任役」解，其《尚書駢枝》曰：

> 「此言周達庶國皆來享獻而任役也。作謂興作任勞役之事。享與作二事平列，下文云：『庶邦丕享』，即來享也；《雒誥》元：『庶殷丕作。』謂來共役，即來作也。」⑩

孫氏的意見，也可備爲一說。由此可見，《梓材》這裏，「作」字不當屬下句讀，高氏之說，似未可從。

注釋

① 見《書經注釋》，下冊，頁714。

② 同上。

③ 同上，上冊，頁51。

④ 見《尚書今古文注疏》，下冊，頁388—389。

⑤ 同上。

⑥ 見〈尚書周誥梓材篇義證〉，《書目季刊》，8卷4期，1975年3月，頁56。文中所引爲屈萬里《尚書釋義》，見今據本頁132。

⑦ 見《說文解字》，頁165上。

⑧ 見《毛詩正義》，《十三經注疏》本，冊2，頁245下。

⑨ 同上。

⑩ 見《尚書駢枝》，燕京大學，頁25b。

六十三、越若來

　　對於《召誥》「越若來」句的解釋，高本漢採用了王引之的看法，高氏說：

　　「王引之認爲這三個字應該跟下文連起來講。那麼整句話就是：『越若來三月』。這樣一來，『越若』就是一個『複詞式語詞』（binominal particle）……。所以，這句話就是説：『當三月來到的時候。』這樣講的例證是：《漢書・律歷志》引《尚書・武成》佚文有：『粵若來二月』這是很堅強的。」①

謹案：王引之《經義述聞》說：

　　「『越若來三月』五字當作一句讀。『越若』、語辭；來、至也（見《爾雅》）；言越若至三月也。《書》言惟某月，惟字皆在月上，此獨在月下，屬『丙午朏』讀之，以『越若來三月』已自爲句故也。《漢書・律志》引《武成篇》『粵若來二月』（今本二譌作三）、『既朒霸粵五日甲子』，其言『粵若來二月』，猶此言『越若來三月』也；其言『既朒霸粵五日甲子』，猶此言『惟丙午朏越三日戊申』也。」②

　　高說以王說為本,但是二者於經文「來」字,都似乎未盡
得經義。曾運乾說:

> 「來,如《禮記‧月令》及《周禮‧肆師》『來
> 歲』之『來』。後歲言來歲,後月言來月,猶明日
> 言昱日也。古書言下一月皆稱來月,如《漢書‧律
> 歷志》引《武成篇》『惟一月壬,粵若來二月』、
> 《逸周書‧世俘》『惟一月丙午,越若來二月』。
> 言來月,皆兩月相連也。」③

曾說有據,可補高說之不足。

注釋

① 見《書經注釋》,下冊,頁723。

② 見《經義述聞》,《皇清經解》本,冊17,頁12635下。

③ 見《尚書正讀》,頁190—191。

六十四、曰拜手稽首

　　高本漢採用了于省吾的說法，以爲《召誥》篇中說「曰拜手稽首」這句話的人是周公，高氏引述于氏的說話說：

　　「他說：『昔人以《召誥》爲召公之詞。今審其語義，察其文理，亦周公誥庶殷戒成王之詞。……凡金文及經傳言君王有所賜，下之拜手稽首，皆指被賜者言。是篇兩言拜手稽首，舊皆以爲召公。豈有賜之者言拜稽，而被賜者反無拜稽之禮乎。』篇中周公代表所有的諸侯，從召公處，得到一份頗值得讚美的禮物。所以，說『拜手稽首』這句話的人，必是『周公』無疑。于氏此說，誠然可信。他又說：『周公二字，應有重文，後人脫誤。應作：「乃復入錫周_公_曰」，應讀作，「乃復入錫周公，周公曰」』。這很容易知道，重文的符號，到了漢代抄謄古書時，誤脫的發生，實在是太有可能了。準照于氏的理論來看，即使不用正式的重文來講，這句話依然是很合理的。所以，此句的意思就是說：『他把它們給了周公；他（＝周公）就說……』在這一種類型的句子裏，主詞經常都被省略的，……我們用《尚書》本篇中的另一處（在此

句的下文）材料，也能證明于氏這樣講是沒有問題
的。下文云：『旦曰……』。傳統的注家因爲先承
認此篇是召公之辭，所以至此便不得不説是召公引
用了周公的話。所以『旦曰』，本來的意思是
『我，旦，説』；但是傳統的講法，這兩個字就變
成了：『旦説過』。這是不對的。」①

　　高氏根據于省吾的説法而得到的結論，似未可信。于省吾
認爲《召誥》這裏行稽首拜手禮的，是答謝受賜的人，也即是
周公。但是，這卻不是必然的。因爲，從《召誥》上下文的意
思來看，絕無這個含意；反而，從文意看來，這似是臣下向君
主陳述意見時，先行拜見禮，以示恭敬。蔡沈説：

　　　「呂氏曰：『洛邑事畢，周公將歸宗周，召公因陳
　　　戒成王，乃取諸侯贄見幣物以與周公，且言其拜手
　　　稽首，所以陳王及公之意，蓋召公雖與周公言，乃
　　　欲周公聯諸侯之幣，與召公之誥，併達之
　　　王……。』」②

曾運乾説：

　　　「旅，陳也、寄也。……『旅王若公』者，言旅王
　　　於公。意欲周公轉達於王也。……事由周公轉達，
　　　故言拜手稽首旅王若公矣。」③

周秉鈞説：

　　　「拜手稽首旅王者，拜手稽首以陳于王也。」④

這些說法，不無道理。若如周秉鈞所說，《召誥》的「拜手稽首」是「以陳于王」的禮節，則行此禮者便不必是周公了。陳舜政說：

> 「《詩》、《書》之中稱周公皆爲『公』。稱召公皆爲『召公』。下文說：『旅王若公。』據高氏之說，則是指『召公』。與早期文獻之慣例未合。」⑤

由此益可見行「拜手稽首」者，不是周公。《召誥》文末說：

> 「拜手稽首曰：『予小臣，……惟恭奉幣、用供王，能祈天永命。』」⑥

可見「惟恭奉幣、用供王」的，是那個「拜手稽首」的人。這也說出了幣帛之獻，不是獻給周公，而是蔡沈、曾運乾等所說，委託周公，轉達於王。

以上的討論，說明了于省吾的想法並不合理，高氏以此爲據的意見，當然也是不足信。

注釋

① 見《書經注釋》，下冊，頁725。

② 見《書集傳》，頁95。

③ 見《尚書正讀》，頁192。

④ 見《尚書易解》，頁200。

⑤ 見〈讀高本漢《書經注釋》〉，《文史哲學報》，第17
　　期，頁331。

⑥ 見《尚書正義》，《十三經注疏》本，冊1，頁223下─224
　　上。

六十五、旅王若公

在討論《召誥》「旅王若公」句上，高本漢的說法，有兩點值得商榷。

第一，高氏引述蔡沈說：

> 「蔡沈說：『若』就是『又』（有『與』、『跟』的意思），這是很普通的講法。如此，他是要把這句話解釋成：『我（召公自己）陳示（排列）（禮品）在王與公（周公）的面前』。」①

考蔡氏原文說：

> 「洛邑事畢，周公將歸宗周，召公因陳戒成王，乃取諸侯贄見幣物以與周公，且言其拜手稽首，所以陳王及公之意，蓋召公雖與周公言，乃欲周公聯諸侯之幣，與召公之誥，併達之王。」②

蔡沈旣說召公意欲委託周公轉達諸侯之幣帛於成王，可見蔡氏之意，成王不在洛邑，這樣，高氏說蔡氏的意見是「我陳示禮品在王與周公的面前」，與蔡氏原意不合。此外，蔡氏文中的「陳」字，高氏以爲作「陳示（排除）」解，恐亦是誤解。蔡氏《集傳》旣不以成王在洛，則這裏不當是說將幣帛「陳示」；他所說的「陳」，似爲「陳述」之義。③

　　第二，高氏說「旅王若公」句的「旅」，應作「揚」解，
這也是難以令人同意的。高氏說：

　　「按一般金文銘辭的文例看，如：遹段云：『遹拜
　　稽首，敢對揚穆王休』（意思是說：『遹就行禮，
　　叩頭並敢於回報以稱讚穆王的恩典』）。這話正可
　　與《尚書》此篇此處的『拜手稽首，旅王若公』相
　　對照。如此，『旅』字在此處的意思，必然應該與
　　『揚』字相當（也就是遹段中的『揚』字），有
　　『升高』、『公布』、『讚揚』的意思。所以，這
　　句話就是說：『他（周公）說：「我敬禮、叩頭，
　　我讚美王與您（閣下）」』。」④

　　高氏利用金文銘辭來和《召誥》這句作比較論證，說法似
過於牽強。以「旅」為「揚」的用法，也無古籍上的證據支
持。《召誥》這句的「旅」字，解做「行旅」的意思，似較高
說為通順和簡單。當時成王正離開鎬京，前往在豐的文王廟，
成王在旅途之中，故可以稱為「旅王」，猶如《易經》中所稱
的「旅人」。⑤

注釋

① 見《書經注釋》，下冊，頁726。
② 見《書集傳》，頁95。

③《偽孔傳》解釋「旅王若公」句說：「陳王所宜順周公之
　事。」（見《尚書正義》，《十三經注疏》本，冊1，頁219
　下。）將「旅」字解爲「陳述」的意思。《偽孔傳》的解
　釋，可能是根據《爾雅》而來的。《爾雅・釋詁》：「旅，
　陳也。」（見《爾雅注疏》，《十三經注疏》本，冊8，頁
　10下。）但是，《爾雅》所說的「陳」，是「敷陳」、「陳
　列」的意思，《爾雅・疏》說：「皆謂敷陳也。……旅者，
　謂布陳也。《大雅・賓之初筵》云：『殽核維旅。』」（見
　《爾雅注疏》，同上引。）所引「殽核維旅」句，《毛傳》
　說：「旅，陳也。」（見《毛詩正義》，《十三經注疏》
　本，冊2，頁490上。）《毛傳》說的也是「陳列」的意思。
　因此，將「旅」字的意思說爲「陳述」，是很有問題的。江
　聲《尚書集注音疏》說：「『旅、陳也。』《釋詁》文。
　『旅王若公』則是王與公俱在，而召公並陳詞于其
　前……。」（《皇清經解》本，冊6，頁4177上。）屈萬理
　《尚書集釋》說：「旅，《爾雅・釋詁》：『陳也。』猶言
　奉告也。」（頁174）都是誤解了《爾雅・釋詁》的意思。
　旅解作陳述，古籍上似無例證。
④同注①
⑤《易・旅》說：「鳥焚其巢，旅人先笑。」《注》：「客旅
　得上位。，故先笑也。」（並見《周易正義》，《十三經注

疏》本，冊1，頁128下。）旅人謂在行旅的人，構詞與「旅
王」正相似。

六十六、厥終智藏瘝在

　　對於《召告》「厥終智藏瘝在」句的解釋，高本漢以爲句中的「藏」字，是「臧」的假借字，解作「良善」；而句中的「在」字，則是「生活」的意思。高氏說：

　　「孫星衍堅持着『在』必得講成『存在』、『生存』的意思。『在』字不可能像A說那樣當作『在位』來講①，是很顯然的事實。這樣我們便可以把這句話修正成：『賢智的人都隱藏起來並困苦地生活着。』『在』字的這種講法，例證見昭公十二年《左傳》云：『將何以在。』（意思是說：『他將怎麼活下去呢〔生存呢〕？』）可是這樣講，句子的節奏就不諧和了。因爲整句話勢將變成：『智──藏，瘝在。』按：在《漢書》裏，『藏』字經常是被寫作『臧』，沒有部首（見《漢書·禮樂志》以及《曆律志》）。《說文》有『臧』無『藏』。但是，這正好很自然地表示（這兩字是可以互相通假的）：有的時候『藏』字就被用來假借爲『臧』。《易·繫辭上》有句話說：『知以藏往。』（意思是說：『他用智識來儲存以往〔的事〕。』）鄭玄的本子作：『知以臧往』。鄭氏解釋此句的意思

　　説：『憑着知識，他重視過去（的事）。』所以把
　　本句中的『智藏』當作：『智臧』來講，是非常自
　　然的（在周代的文獻裏，極可能只作『臧』，沒有
　　部首，這是周人書寫的慣例）。『智臧』也就是因
　　同類字義而形成的一個複詞，那麼，這句話的節奏
　　也就很好了：『智臧——瘝在』。意思是説：『到
　　了最後，那聰明與良善的人都困苦地生活
　　（『存』）著。』」②

　　高氏的説法，頗有可商榷之處。高氏認爲句中的「藏」
字，原本是沒有部首的，本當作「臧」。《説文》，「臧，善
也。」③高氏因此以爲「智臧」應當是一個意思相近的複合
詞。高氏這個説法，未免過於主觀。

　　此外，高氏認爲這句裏的「瘝」字，原本當作「鰥」④，
這是正確的。段玉裁説：

　　「玉裁按：『瘝』字最俗，蓋本作鰥，而俗人因其
　　訓病，改作『瘝』，《康誥》、《召誥》同也。
　　《爾雅》：『鰥，病也。』《郭注》引《書》曰
　　『智藏鰥在』，《邢疏》曰：『智藏鰥在者，《周
　　書・召誥》文。』似邢氏所據《注》尚未作『瘝』
　　也。今本《爾雅・注》作『瘝』，《釋文》『鰥』
　　字下云：『古頑反，《注》瘝同。』考《説文》、
　　《玉篇》、《廣韻》、唐之《五經文字》、《九經

字樣》皆不錄『瘝』字，恐《釋文》本只是
『《注》同』二字。」⑤

高氏認為「鰥」字在這裏是用來形容「在」字的，「鰥在」的
意思是：「困苦地生活著。」「鰥」字的這種用法，古籍上沒
有例證支持，高氏的意見，令人懷疑。

　　考《召誥》這句的構詞，「智」和「鰥」相對；「藏」和
「在」相對；《僞孔傳》的解釋，似乎還是比較合理的。《僞
孔傳》說：

「賢智隱藏，瘝病者在位，言無良臣。」⑥

《孔疏》說：

「謂紂之時，賢智者隱藏，瘝病者在位，言其時無
良臣，多行無禮暴虐……以瘝從病類，故言『瘝
病』也，鄭王皆以瘝爲病，小人在位，殘暴在下，
故以病言之。」⑦

以「瘝」是「病民」者，「在」是「在位」。蔡沈、屈萬里、
周秉鈞等主之，蔡氏說：

「……賢智者退藏，病民者在位，民困虐政。」⑧

屈氏說：

「智藏，言智者隱遁不出仕。瘝，病也……猶今語
所謂毛病；謂才德不健全之人也。」⑨

周氏說：

「瘝，讀爲鰥，《釋詁》：鰥，病也。紂政不善，
賢智者藏匿，病民者在位。《呂覽・貴因篇》曰：
『武王使人候殷，反報岐周曰：殷其亂矣。武王
曰：其亂焉至？對曰：讒慝勝良。武王曰：尚未
也。又復往，反報曰：其亂加矣。武王曰：焉至？
對曰：賢者出走矣。』賢者出走，讒慝勝良，即智
藏瘝在之正解。」⑩

孫星衍《尚書今古文注疏》則以「瘝」是指「行役者」，
「在」是「留下」，他說：

「藏，俗字，當爲「臧」，《易・繫辭》『知以藏
往』，《釋文》云『藏』劉作『臧』。高誘注《呂
氏春秋》云：『藏，潛也。』瘝俗字，當作
『鰥』。《釋詁》云：『鰥，病也。』其終，謂後
王之終，即紂時也。紂政不善，智者知幾而藏匿，
在者困于行役。《詩・何草不黃》云：『何人不
矜。』《箋》云：『無妻曰矜。從役者皆過時不得
歸，故謂之矜。』《書・堯典・疏》引《書傳》：
『孔子對子張曰：「《詩》云：『何草不玄，何人
不鰥。』暫離室家，尚謂之鰥。」』此《書傳》即
《大傳》。是『鰥』爲離家行役之人，《僞傳》以
『瘝在』爲在位之臣，或又以爲病民者在位，俱非
也。瘝，郭氏注《爾雅》引此文作『鰥』。」⑪

曾運乾、王世舜竝從之。曾氏說：

> 「藏，潛也。瘝，讀爲鰥，離家行役也。……至其
> 終時，則智者知幾而藏匿，在者則困於行役。」⑫

王氏說：

> 「智，有知識有本領的人。鰥（guān官），指離家
> 行役的人。在，與上面藏對言，指留下的人。」⑬

姑不論這兩個說法的優劣，它們都能簡單、直接和通順地把
《召誥》這句話解釋得清楚明白，而且又不必改動經文，顯然
都比高氏的意見可取。

注釋

① 所謂A說，是指《僞孔傳》和《書集傳》對這句的說法。
　　《僞孔傳》說：「賢智隱藏，瘝病者在位，言無良臣。」
　　（見《尚書正義》，《十三經注疏》本，冊1，頁220下。）
　　蔡沈則說：「……卒致賢智者退藏，病民者在位。」（見
　　《書集傳》，頁96。）

② 見《書經注釋》，下冊，頁728—729。

③ 見《說文解字》，頁66上。

④ 同注②。

⑤ 見《古文尚書撰異》，《皇清經解》本，冊9，頁6617下。

⑥ 見注①。

⑦ 見《尚書正義》，《十三經注疏》本，冊1，頁220下—221上。

⑧ 見《書集傳》，頁96。

⑨ 見《尚書集釋》，頁174。

⑩ 見《尚書易解》，頁202。

⑪ 見《尚書今古文注疏》，下冊，頁396。

⑫ 見《尚書正讀》，頁193。

⑬ 見《尚書譯注》，頁186。

六十七、朕復子明辟

　　高本漢認爲《雒誥》篇「朕復子明辟」句的意思是：「我報告（你）我的孩子，光顯的君主。」①高氏將句中的「子」字講作「孩子」，似不辭。《禮記‧曾子問》：「不俟子。」②《注》：「子，嗣君也。」③《左傳‧僖九年》：「凡在喪公侯曰子。」④《注》：「子者，繼父之辭。」⑤《春秋繁露‧精華》：「春秋之法，未踰年之君稱子。」⑥此句中「子」字當作君主解。

注釋

① 見《書經注釋》，下冊，頁755。

② 見《禮記注疏》，《十三經注疏》本，冊5，頁379上。

③ 同上。

④ 見《春秋左傳正義》，《十三經注疏》本，冊6，頁218上。

⑤ 同上。

⑥ 見《春秋繁露》，卷3，頁9a。

六十八、王如弗敢及天基命定命，予乃胤保大相東土，其基作民明辟

高本漢解釋《雒誥》「王如弗敢及天基命定命，予乃胤保大相東土，其基作民明辟」說：

> 「整句話所指稱的，是爲這年輕的成王建造統治全國的新都城奠基事情。他對原來的鎬京舊都，不很滿意，他現在需要一個位置更傾向於中心的地方來作他的首都，這正是下文裏所講到的主題了。所以，這句話就是說：『如果不敢留住在（＝来到）那上天樹立命令與堅定命令（的地方＝住在西方的鎬京），我已經跟隨了太保（就是召公）大大地視察了東邊的地方，以期找到（一塊地方，在那裏）他即將是人民光顯的君主。』」①

高氏的說法，前一部份，屬臆測之辭，不盡可信。他又將「胤保」的「保」字講作「太保」，認爲指的是召公，這也是不可信，因爲這裏稱召公皆作「太保」而不單稱「保」。上篇《召誥》和這篇關係密切，兩篇可以作爲一個系列的文章來看。在《召誥》篇裏稱召公爲「太保」的有四處：

1. 惟太保先周公相宅；

2. 太保朝至于洛；

3. 太保乃以庶殷，攻位于洛汭；

4. 太保乃以庶邦冢君，出取幣；

《洛誥》篇則沒有稱「太保」的。單用「保」字的，在《召誥》篇裏凡四次：

1. 夫知保抱攜持厥婦子；

2. 天迪從子保；

3. 天迪格保；

4. 保受王威命明德；

皆不指「召公」。《雒誥》篇除「予乃胤保」句外，亦四次使用「保」字：

1. 明保予沖子；

2. 誕保文武受民；

3. 王命予來承保乃文祖受命民；

4. 惟周公誕保文武受命；

皆不指「召公」②。而從「子保」、「格保」、「明保」、「誕保」、「承保」等的構詞方式來看，則「胤保」亦似是一個相類似的複詞，其中的「保」字，不會是「太保」的省略。

在「其基作民明辟」句的解釋，高氏將「其」講作「期望」，將「基」講作「一塊地方，在那裏」，而又在兩字之間加上了在經文原無的「找到」的意思。即使如此，高氏的講法，還是頗不通順，難使人滿意。

　　《雒誥》這段話的意思，其實可以很簡單的照字面的意思
來說。江聲的說法，頗值得參考：

> 「基、始也。始命，命文王者；定命，命武王者。
> 王若弗敢逮及文王、武王所受天命，我乃嗣事以保
> 安國家。追說初時尸攝之意也。王實年幼不能逮
> 作，重于屇王不能，故言弗敢，使若謙沖退託者
> 然。東土，洛邑也。基、謀也。大相度洛邑，其爲
> 王謀作民明君之治。」③

江氏的解釋，通順有理，較高說爲佳。

注釋

① 見《書經注釋》，下冊，頁751—758。

② 見《尚書正義》，《十三經注疏》本，冊1，頁218上—232
　　上。

③ 見《尚書集注音疏》，《皇清經解》本，冊6，頁4180下。

六十九、今王即命曰：記功，宗以功作元祀

在解釋《雒誥》這句說話時，高本漢引用了劉逢祿《尚書今古文集解》的意見，高氏說：

「劉逢祿説：『《孝經》云：「（周公）宗祀文王……以配上帝。」（〔周公〕在祖廟〔＝宗廟〕裏祭祀文王……以配上帝。）所以我們此處的『宗以功作元祀』，意思就是：『在宗廟，按照各人的功勳，讓他們在那基本的祭祀（＝對始祖祭祀）中有所作爲。』事實上句中的『元祀』在《酒誥》篇裏，就是這個意思，這是從上下文裏很容易看出來的。」①

劉逢祿將「宗」字講作「宗廟」。高氏認爲這樣講「宗」字是最好的，於是將《雒誥》這句話的意思說爲：

「現在王就該去，並下令説：記載功勞，在宗廟裏按照功勞，讓他們在那基本的祭祀裏有所作爲。」②

考劉逢祿原文說：

　　「謹案：『宗以功作元祀』者，《孝經》、《詩

　　序》所謂『宗祀文王于明堂以配上帝』，此周公以

　　義創，夏殷所未有也。」③

劉氏引《孝經》「宗祀文王于明堂以配上帝」句，既說是「于

明堂」，則劉氏似不以「宗祀」之『宗」作「宗廟」解。高氏

的說法，略嫌武斷。

　　《孝經‧聖治》說：

　　「昔者周公郊祀后稷以配天，宗祀文王於明堂以配

　　上帝。」④

《孝經》以「郊祀」和「宗祀」對舉，則此二祀定有相類之處

和特別的意義。《禮記‧祭法》說：

　　「有虞氏禘黃帝而郊嚳，祖顓頊而宗堯。」⑤

《鄭注》說：

　　「禘、郊、祖、宗，謂祭祀以配食也。此禘謂祭昊

　　天於圜丘也；祭上帝於郊曰郊；祭五帝於明堂曰

　　祖、宗；祖、宗，通言爾。」⑥

《孔疏》說：

　　「『祖顓頊而宗堯』者，謂：祭五天帝、五人帝及

　　五人神於明堂，以顓頊及堯配之，故云『祖顓頊而

　　宗堯』。祖，始也，言爲道德之初始，故云祖也。

　　宗，尊也，以有德可尊，故云宗。」⑦

可見《孝經》所說的「宗祀文王」，「宗」應該作「尊」解，
《孝經・注》說：「周公因祀五方上帝於明堂，乃尊文王以配
之也。」⑧所說的也是這個意思。因此，高氏將《雒誥》這句
裏的「宗」字，解作「宗廟」，是沒有根據的。

　　此外，高氏以爲這句裏「元祀」的意思，是「基本的祭
祀」，是一個誤解，這在上文第五十七篇《酒誥》篇「惟天降
命，肇我民惟元祀」句時已經辨明，此處不再贅述。

　　王國維《雒誥解》說：

> 「『記功宗』以下，周公述成王之言也。功謂成雒
> 邑之功。殷人謂年爲祀。元祀者，因祀天而改元，
> 因謂是年曰元祀矣。時雒邑既成，天下大定，周公
> 欲王行祀天建元之禮於宗周，王則歸功於雒邑之
> 成，故即命曰：『記功宗以功，作元祀。』意欲於
> 雒邑行之也。」⑨

王說通順合理，較高說爲可取。

注釋

① 見《書經注釋》，下册，頁765—766。

② 同上，頁766。

③ 見《尚書今古文集解》，《皇清經解續篇》本，册6，頁
4053下。

④ 見《孝經注疏》，《十三經注疏》本，册8，頁36上。

⑤ 見《禮記注疏》，《十三經注疏》本，冊5，頁796上。

⑥ 同上。

⑦ 同上。

⑧ 同注④。

⑨ 見《雒誥解》，《觀堂集林》，卷1，頁33—34。

七十、　　乃惟孺子，頒，朕不暇，聽朕敎汝

《說文解字》卷三下「攴」部說：

> 「攽，分也。从攴，分聲。《周書》曰：『乃惟孺
> 子攽。』亦讀與彬同。」①

《說文》引《雒誥》這句「頒」字作「攽」。高本漢認爲應該
仍用「頒」字，假借做「班」，解爲「班次」的意思。他說：

> 「我們應該采用時代最早的句讀方式，並且用
> 『頒』字。因爲『頒』在古書之中最常見的用法，
> 便是作『班』的假借異文。『班』字的意思是『分
> 開』、『分配』、『分派』、『依次佈列』、『按
> 照階級』、『階級』。但是，『班』（『頒』）這
> 個字在句中應該是一個及物動詞，帶有一個已知的
> 受詞，……。這個字可由《左傳》的一句話得到清
> 楚的解釋。襄公二十九年《左傳》云：『舉不踰
> 等，則位班。』意思是：『他的晉升沒有超踰他的
> 等第，他的地位就在適當的階級上。』如此，我們
> 這句話的意思就說：『現在你，這年輕人，被放置
> 在你那合適的地位上（作一位王—〔班〕），但是
> 我將不會閑散，你應該聽取我對你的敎導。』」②

高氏用「班次」來形容一個君王的地位，似不辭且亦不敬，並不可取。鄭玄說：

> 「成王之才，周公倍之猶未，而言分者，誘掖之言也。」③

馬融說：

> 「頒，猶分也。」④

《偽孔傳》說：

> 「我爲政常若不暇，汝惟小子當分取我之不暇而行之，聽我敎汝…。」⑤

各說都以「頒」作「分」解，和《說文》的說法相同，可見《雒誥》這句的「頒」字，是「攽」的假借字。邵瑛《說文解字群經正字》說：

> 「攴，分也…此爲攴分字，經典凡頒、班字訓爲分者，俱當冎此字，今皆作班，又作頒，假借字也。《周書》『乃惟孺子攴』，今《洛誥》『乃惟孺子頒朕不暇』作『頒』，《孔傳》順文解頒爲分，《正義》遂引《說文》『頒，分也』以實之，殊不然也。《說文》實無此訓，『頁』部云：『頒，大頭也。一曰鬢也。』與分義絶不相涉。惟班字有分瑞玉之訓，然詳許君意，不泛用爲分布義，則頒分、班分，正字當作攴也。今廢攴字不用，于是攴分統用頒、班，而借義奪正義矣。」⑥

雷浚《說文引經例辨》說：

> 「今《書》作「頒」，《正義》引鄭云：『成王之
> 才，周公倍之，而言分者，誘掖之言也。』又引
> 《說文》云：『頒，分也。』案：《說文》：
> 『頒，大頭也。』頒之本義不訓分，凡經傳頒訓分
> 者，皆攽之假借字，攽其正字也。攽、頒同分
> 聲。」⑦

高氏堅持《雒誥》這句必定是用「頒」字，實在沒有根據。高
氏又說：

> 「…『頒』字(『攽』字顯然只是它的假借字了)一
> 般都當作『分』來講，意思是：『分開』、『分
> 配』、『分派』。如此它無疑是與『班』字相同，
> 音*pwan／pwan/pan。例如：《禮記·祭義》云：
> 『頒禽。』意思是：『分配』(畋獵中所擒獲的)獵
> 物。但是這個字卻不能當作：『分擔』、『參加』
> 來講。」⑧

高氏以為「攽」是「頒」的假借字，實在是一個誤解。高氏由
此而推論「頒」字在《雒誥》這裡無「分擔」的意思，也是一
個沒有根據的看法。

幾個早期的注釋，都一致的將「頒」字講作「分」，我們
實在不容予以否定。《偽孔傳》把這句讀作：

> 「乃惟孺子頒朕不暇，聽朕教汝…。」

意思是：「汝惟小子當分取我之不暇而行之，聽我教汝…。」
⑨這個讀法和解釋，頗通順合理，沒有理由不取。許慎在《說
文》裡的引用，則似在「攽」字處斷句，與《僞孔傳》的句讀
不同。王玉樹《說文拈字》說：

　　「按：《鄭注》亦訓分，與《說文》合。字當作
　　攽，且攽字句絶。」⑩

柳榮宗《說文引經考異》說：

　　「許引攽字句絶，則下當讀朕不暇聽句也。」⑪

承培元《說文引經證例》說：

　　「古句讀攽絶句，下至聽絶句，言孺子分任之，任
　　朕不暇聽之事也。今句讀異古。」⑫

承氏之說，於文意亦通順，可與《僞孔傳》說幷存。

　　總觀上面所討論高本漢、《僞孔傳》、承培元三說，後二
說似較合理和有古注的支持，高氏之說則流於臆測，於文意亦
欠妥允，故難令人苟同。

注釋

① 見《說文解字》，頁68上。
② 見《書經注釋》，下冊，頁775－776。高氏所引《左傳》例
　　證，當襄公二十九年，高氏誤作襄公十二年，今正。
③ 見《孔疏》引，《尚書正義》，《十三經注疏》本，冊1，
　　頁228上。

④ 見《經典釋文》引，附《尚書正義》，《十三經注疏》本，
　 冊1，頁227下。《釋文》原文作：「馬云：『猶也。』」段
　 玉裁《古文尚書撰異》說：「《釋文》曰：『頒，馬云：
　 「猶也。」猶下脫一字，當亦是分字也。』」(見《皇清經
　 解》，冊9，頁6622上。) 孫星衍《尚書今古文注疏》亦說：
　 「馬注見《釋文》。云『猶』者，疑當作『猶分』，脫一
　 字。」(頁409。) 段、孫所說竝 是，今予補正。

⑤ 《尚書正義》，《十三經注疏》本，冊1，頁227下。

⑥ 見《說文解字詁林》，冊4，頁1335a。

⑦ 同上，頁1335b。

⑧ 同注②，頁774。

⑨ 同注⑤。

⑩ 同注⑥。

⑪ 同注⑦。

⑫ 同上。

七十一、公明保予沖子

高本漢以爲《雒誥》「公明保予沖子」句的意思是：

「事實上，『明保』是一個固定的複詞，意思是：
『光顯的保護者。』…因此我們就應該把這句話講
成：『你，公，是一位光顯的保護者對我，這年輕
人(=對於我，這年輕人，你〔公〕是一位光顯的保
護者)。』」①

陳舜政批評高氏的意見說：

「高氏原文作：" you , prince , are a bright protector
to me , young man ." 則可知高氏讀此句爲『公，明
保予，沖子。』高氏很輕鬆地在『予』和『明保』
之間加上了一個英文前置詞 "to" 字，就使兩者間有
了這樣嶄新的關係。但這無非是表示他不知道『予
沖子』、『予小子』這種字樣是根本不能分開講
的。本句下文有：『予沖子夙夜毖祀。』《金
滕》：『予小子新命于三王。』《論語》：『堯
曰：「予小子履。」』無疑『予沖子』是一個詞，
高氏之釋未合古語之例，只是巧妙地把《尚書》此
句斷成英文的句子而已。」②

《禮記·玉藻》：「凡自稱，天子曰予一人。」③《禮記·曲禮》：「天子未除喪曰予小子。」④「予一人」、「予小子」是古代的成語，而「予沖子」構成方式和「予一人」、「予小子」相類，「予沖子」也應當是一個成語，不能夠分拆開來講。陳氏對高說的批評，很有道理。此外，高氏的讀法也很迂曲，不合原句的語法結構；依高氏的讀法，實欠缺了一個動詞來連接起句中的主語和賓語，以構成完整的意思。《僞孔傳》以爲這句話的意思是：

> 「言公當明安我童子不可去。」⑤

《詩·山有樞》：「他人是保。」⑥《傳》：「保，安也。」⑦《僞孔傳》是按原文直解；意思是通順的。曾運乾說：

> 「公，句絕。呼公而告之也。明，勉也。保，
> 《禮·文王世子》云：『保也者，慎其身以輔翼之
> 而歸諸道者也。』『明保予沖子』語意與《顧命》
> 「用敬保元子釗」正同。此文之『明保』，即彼文
> 之『敬保』也。」⑧

曾氏用《顧命》的同類句子來作比較，更加證明了《雒誥》這句的「明保」，並不是高氏的意思。這樣，『明保予沖子』的意思，還是應該採納《僞孔傳》這個較爲通順，而時代又最早的解釋。

注釋

① 見《書經注釋》，下冊，頁779。

② 見＜讀高本漢《尚書注釋》＞，《文史哲學報》，第17期，
　頁332。

③ 見《禮記注疏》，《十三經注疏》本，冊5，頁569下。

④ 同上，頁80上。

⑤ 見《尚書正義》，《十三經注疏》本，冊1，頁228上。

⑥ 見《毛詩正義》，《十三經注疏》本，冊2，頁218上。

⑦ 同上。

⑧ 見《尚書正讀》，頁207。

七十二、惇宗將禮

　　高本漢討論《雒誥》「惇宗將禮」句時說：

　　「按上文注第1757條的解說：『宗』的意思實在是

　　「宗廟」（祖先的廟堂）。那麼，這句話就是：『加

　　重那宗廟的大禮。』」①

高氏說的「注第1757條」即是本文討論第六十九條「今王即命

曰：記功，宗以功作元祀」句。在那句的討論裡，已經辨明

「宗」字不是「宗廟」，「宗」字的意思是「尊崇」②，這裡

不再贅述。因此，對於《雒誥》「惇宗將禮」句的解釋，《偽

孔傳》說「厚尊大禮。」③這是正確的。高說未可取。

注釋

① 見《書經注釋》，下冊，頁781。

② 見本書第六十九條的討論。

③ 見《尚書正義》，《十三經注疏》本，冊1，頁228上。

七十三、四方迪亂，未定于宗禮

在《雒誥》「宗以功作元祀」句的討論裡，高氏將「宗」字解作「宗廟」①；而在討論「四方迪亂，未定于宗禮」時，他同樣地將「宗」字講作「宗廟」，把整句的意思說作：

「那四方（之地）都被導致了叛亂，在宗廟（祖先的廟）的禮儀上也都沒有什麼建樹。」②

但是，我們在上文討論「宗以功作元祀」句時，已經辨明「宗」是「尊」的意思，將它解釋爲「宗廟」，是沒有根據的③。高氏在這句裡將「宗」字同樣的解作「宗廟」，當然也難以令人同意。《僞孔傳》說這句的意思是：

「言四方雖道治，猶未定於尊禮。」④

《說文》：「迪，道也。」⑤又說：「亂，治也。」⑥《僞孔傳》的說法簡單、有根據而且時代又早，是沒有理由不採用的。

注釋

① 見《書經注釋》，下冊，頁765－766。

② 同上，頁787。

③ 見本書頁。

④ 見《尚書正義》，《十三經注疏》本，冊1，頁229上。

⑤ 見《說文解字》，頁40 上。

⑥ 同上，頁308下。

七十四、非我小國敢弋殷命

　　《多士》篇這句說話，有兩種不同的寫法，《僞孔傳》本
寫作：「非我小國敢弋殷命」①；而馬融、鄭玄和王肅等則
「弋」字寫作「翼」②。高本漢就這兩個寫法和這句話的意思
有以下的說法：

　　「如果我們采用《僞孔傳》的本子—「弋」—似乎
　　是很有道理，因爲我們可以說「弋」是「代」字的
　　省體(周人書寫的習慣，都不加部首)，那麼這句話
　　就是說：『…可不敢代殷的承命而起』(不敢繼承殷
　　命)。按照常例，《僞孔傳》的經文是古文《尚書》
　　本，但是擺在我們面前的事實是：三位古文派的大
　　師—馬融、鄭玄、王肅—都讀此句爲『翼殷命』。
　　所以，很明顯地，《僞孔傳》必是根據馬融的
　　《注》（翼，取也），以爲『翼』是『弋』（＝
　　『射』—『取』)的假借字，因此才把原文改了過
　　來。這樣看來，『翼』較『弋』的時代爲早，是可
　　以斷言的。不過，『翼』字很可能是『冀』字的譌
　　誤，因爲這兩個字實是太相似了。『冀』字有『希
　　望』、『冀求』的意思（這是很普通的）‧如此，
　　這句話就是說：『我們這個小國可不希冀殷的承

命。』正好與下文的『唯天下不畀（殷）』相
應。」③

高氏在上述《多士》這句說話的兩個寫法以外，提出了第三個
寫法，他認爲這個字原寫作「冀」；寫作「翼」，是因爲形近
而譌。高氏這個推測，未免過於大膽和欠缺證據，難令人信
服。

　　馬融、鄭玄和王肅寫爲「翼殷命」，因此高氏說：「這樣
看來，『翼』較『弋』的時代爲早，是可以斷言。」但是，馬
融和王肅都說「翼」是「取」的意思，這樣，說「翼」是
「弋」的借字，似乎是可以的。高氏說「弋」可能是「代」的
省體字。另一方面，從上古語音來看，「弋」也可能是「代」
的借字。據《廣韻》，弋，與職切④，喻母四等字；代，徒耐
切⑤，定母一等字。曾運乾指出，在上古的語音系統裡，喻母
四等字多歸定母，他在《喻母古讀考》中舉例說：

　　「古讀弋（與職切）如代。銚（大弔切）弋，古雙
　　聲物名。弋聲有代，猶以聲有台。《左・襄四
　　年》：『夫人姒氏薨。』《公羊》作『弋氏』。
　　《疏》云：『左氏《經》作姒氏，字聲勢與此
　　同。』今案：徐說是也。弋，今音與職切，喻母；
　　姒，今音詳里切，邪母。錢氏所謂同位轉也。古音
　　弋讀如代，姒讀如台，實同聲字。又《書》：『敢
　　弋殷命。』弋亦代也。代，徒耐切，定母。」⑥

喻母四等字上古歸入定母，曾氏羅列了很多例子，確然可信，
對於這個語音發展的現像，王力《漢語史稿》說：

「三十六字母中所謂喻母，在《切韻》裡嚴格地分
爲兩類，即雲母（喻三）和餘母（喻四）。它們有
着完全不同的來源。在現代的漢語（越南語從漢語
中借去的詞語）裏，還非常清楚地把它們區別開
來。從諧聲系統來看，也很月白地看出這兩大類。
餘母的字，絕大部分和端透定相諧，小部分和邪母
等相諧，可見它的上古音是d。下面是一些諧聲例
子（上字屬定，下字屬餘）：

台怡　　　　代弋　　　　桃姚
瞿耀　　　　荼余　　　　鐸懌
錫陽　　　　兌悦　　　　荑夷

上古的d到中古失落了，剩下來是些以半元音 j 起
頭的字例如「怡」，die→jie，「陽」，diaŋ→jiaŋ。
按漢語的情況來説，不送氣的破裂音比較容易失
落，例如現代廣東台山的「同」是tou→ou，雲南玉
溪方言的「高」是kau→au。」⑦

就韻母來說，代和弋上古同屬「職」部⑧，兩者間可有通假的
條件。由此可見，《多士》「敢弋殷命」句中的「弋」字，可
說是「代」字的借字。《說文》：「代，更也。從人，弋
聲。」⑨《說文》用「弋」字作爲「代」字的聲符，正好說明

了二字的語音關係。曾運乾《尚書正讀》說：「弋，篡取也。」⑩曾氏這樣說，似乎是受了馬融和王肅對「弋」字的解釋的影響。曾氏將「弋」字看作是「代」字的借字，由「更代」而引伸爲「取代」（受馬、王說的影響），再引伸爲「篡取」。就《多士》這句的意思來看，曾氏的說法是有根據和合理的，可以接受。

經傳中的「弋」字，很多時是假借作爲「隹」字。《說文》：

「隹，繳射飛鳥也。從隹，弋聲。」⑪

《段注》說：「（隹）經傳多假弋爲之。」⑫《詩·盧令·序》：「襄公好田獵畢弋。」⑬《傳》：「弋，繳射也。」⑭《疏》：「出繩繫矢而射鳥謂之繳射也。」⑮經傳借「弋」爲「隹」。《易·小過》：「公弋取彼在穴。」⑯「弋」（隹）引伸而有「取」之意。馬融、王肅、《僞孔傳》解《多士》這句的「弋」字，或亦由此而得。這樣來解釋「非我小國敢弋殷命」這句說話中的「弋」字，也是合理的。

總而言之，《多士》這句中的「弋」字，或是「代」的借字，或是「隹」的借字，都可言之成理，較高氏的意見容易令人接受。

注釋

① 見《尚書正義》，《十三經注疏》本，册1，頁236下。

② 馬本見《釋文》引。鄭、王本見《尚書孔疏》引，《疏》
　 云：「鄭玄、王肅本『弋』作『翼』。王亦云：『翼，取
　 也。』鄭云：『翼，猶驅也。非我周敢驅取汝殷之王命
　 也。』雖訓爲驅，亦爲取義。」竝見《尚書正義》，《十三
　 經注疏》本，冊1，頁236下—237上。

③ 見《書經注釋》，下冊，頁809。

④ 見《廣韻》，頁526。

⑤ 同上，頁389。

⑥ 見《古聲韻討論集》，台北：學生書局，1969年，頁6—
　 65。

⑦ 見《漢語史稿》，上冊，頁73—74。

⑧ 同上，上冊，頁85。

⑨ 見《說文解字》，頁165上。

⑩ 見《尚書正讀》，頁214。

⑪ 同注⑧，頁77上。

⑫ 見《說文解字注》《說文解字詁林》，冊5，頁1542a。

⑬ 見《毛詩正義》，《十三經注疏》本，冊2，頁198上。

⑭ 同上。

⑮ 同上。

⑯ 見《周易正義》，《十三經注疏》本，冊1，頁135下。

七十五、時予乃或言爾攸居

　　高本漢將《多士》「時予乃或言爾攸居」句的意思說爲：

　　　「我們如果認爲這是講話者結束的語氣，那麼這句
　　話就好懂得多了。如此這句話的意思是：『現在，
　　我希望，我已經跟你們說明了你們要去居住的地方
　　了。』」①

段玉裁《古文尚書撰異》說：

　　　「唐石經『或言』二字，初刻是三字，摩去重刻致
　　每行十字者成九字矣。初刻隱然可辨『或言』之間
　　多一字，諦視則是『誨』字，與《傳》『教誨』之
　　言合。《雒誥》亦有『誨言』二字也。」②

　　《多士》這句原本似作：「時予乃或誨言爾致居」，這樣，高
氏的解釋便和這句說話不相合了。此外，高氏對句中「或」字
的意思，說得十分含糊，難以令人接受。這個「或」字，《僞
孔傳》說：「我乃有教誨之言。」③高氏認爲將「或」解爲
「有」，「此說由來甚久，但是不能成立」④，他的理由是：

　　　「這種以爲『或』（ *g'wək/rwək/huo ）可以假借爲

　　『有』（ *giug/jiəu/yu ）的想法（《廣雅・釋詁》也
　　有此說），導源很早。如：《尚書・洪範》的『無
　　有作好』，《呂氏春秋・貴公篇》作：『無或作

好』。又：《尚書・微子篇》：『殷其弗或亂其四方。』《史記・宋世家》作：『殷其不有治政不治四方。』因此之故，在古書古注之中，『或』被注解爲『有』的實例很多。如：《呂氏春秋・高誘注》（見《貴公篇》），《尚書・微子篇・僞孔傳》，《詩經・小雅・天保》及《禮記・祭義篇》的鄭玄《注》等。雖然有這麼多的實例，然而，在這些例子中，『或』字必竟還可以用它本身的普通意思，來把句子講通的。『或』字既可以有『或許』、『或者』的意思，也可以把它講成：『某些』、『某人』、『某些方法』等意思。所以，我們實在也不必非要假以假借的辨法而把它講成『有』，何況『有』與『或』這兩個字，在聲韻上來講，是根本無法構成假借條件的。」⑤

《廣韻》：或，胡國切⑥，上古職部字；有，云久切⑦，上古之部字。之職對轉，兩部字互相押韻和通假的例子極多⑧，所以高氏說「或」和「有」這兩個字沒有通假的條件，是沒有根據的。江聲《尚書集注音疏》說：

「或之言有也。今時我乃有言告女，女其安所居哉。申前文無違朕不敢有後之意，語終丁寧之也。」⑨

《呂氏春秋・上農》：「無有居心。」⑩高誘《注》：「居，安也。」⑪屈萬里說：「爾攸居，意謂爾等其安居於茲洛邑也。」⑫這樣看來，江聲對《多士》篇這句的解釋，是有根據和合理的，較高說為可取。

注釋

① 見《書經注釋》，下冊，頁836。

② 見《古文尚書撰異》，《皇清經解》本，冊9，頁6626下。

③ 見《冊書正義》，《十三經注疏》本，冊1，頁239下。

④ 同注①，頁835。

⑤ 同注①，頁378。

⑥ 見《廣韻》，頁530。

⑦ 同上，頁321。

⑧ 參見陳新雄《古音學發微》，台北：文史哲出版社，1975年，頁1039—1040。

⑨ 見《尚書集注音疏》，《皇清經解》本，冊6，頁4194上。

⑩ 見《呂氏春秋》，頁736。

⑪ 同上。

⑫ 見《尚書集釋》，頁196。

七十六、旣誕否，則侮厥父母

高本漢說《無逸》「旣誕否，則侮厥父母」句的意思作：

> 「莊述祖認爲：原來只是作『不』而已。今本作
> 『否』是誤增之結果；幷且，『不』在此假借爲
> 『丕』（這是古籍中極易找到的例子），如此『誕
> 丕』就成爲一個同義的複合詞（synomym —
> compound）。所以，這句話是說：『最後他們變得
> 放肆，妄自尊大，又侮辱他們的父母。』（『誕』
> 與『丕』都有『大』的意思，引伸以後，還是同義
> 的）這是很可採納的說法了。」①

高氏所引述的莊述祖的意見，見於劉逢祿《尚書今古文集
解》，劉氏說：

> 「『乃誘旣誕』漢石經作『乃憲旣延』、『否』作
> 『不』。莊云：『不當爲丕。石經丕、否皆作
> 不。』」②

又說：

> 「莊云：『《史記》云：「《毋逸》稱爲人父母爲
> 業至長久，子孫驕奢忘之，以忘其家，爲人子可不
> 慎乎。」訓憲爲業，訓延爲久，是史公從安國問者
> 亦同今文矣。』」③

由劉氏引述所見，說「誕丕」是一個同義複合詞的，似不是莊
述祖的意見，這是要辨明的。高氏說「誕」和「丕」都有
「大」的意思，兩者結合爲「誕丕」這個同意複合詞，於是有
「放肆、妄自尊大」的意思，高氏這說法甚爲武斷，而且沒有
證據支持，實在難以令人接受。

　　王引之把《無逸》這句讀作：「旣誕，否則侮厥父母」；
把「否則」作爲一個詞，意思猶如「於是」；《經傳釋詞》
說：

　　「《玉篇》曰：『不，詞也。』」經傳所用，或作
　　『丕』，或作『否』，其實一也。有發聲者，有承
　　上文者。…其承上文者：…《康誥》曰：…『無作
　　怨，勿用非謀非彝，蔽時忱，丕則敏德。』丕則，
　　猶言於是也，旣斷行是誠信之道，於是勉行德敎
　　也。《傳》解爲『大法敏德』，失之。…《無逸》
　　曰：『乃逸，乃諺，旣誕，否則侮厥父母。』漢
　　石經否作不，不則，猶於是也。言旣已妄誕，於是
　　輕侮其父母也。《傳》謂『已欺誕父母，不欺，則
　　輕侮其父母』，文義難通。又曰：『今 日耽樂，
　　乃非民攸訓，非天攸若，時人丕則有愆。』言是人
　　於是有過也。《傳》謂『是人則大有過』，旣誤訓
　　大，又亂其字之先後矣。又曰：『乃變亂先王之正
　　刑，至於小大，民否則厥心違怨，否則厥口詛

祝。』言民於是厥心違怨，於是厥口詛祝也。…
《逸周書・祭公》曰：『…丕則無遺後難（言於是
無遺後難也。）…』皆承上之詞也。凡此皆古人屬
詞之常例。後世解經者，但知『不』之訓『弗』，
『否』之訓『不』，『丕』之訓『大』，而不知其
又爲語詞。於是強爲注釋，而經文多不可通矣。
『三危既宅，三苗丕敍』，『厥既命殷庶，庶殷丕
作』，『既誕，否則侮厥父母』，皆先言『既』而
後言『丕』，其爲承上之詞，顯然明白。而《史
記・夏本記》乃云：『三苗大敍，』則知三代語
言，漢人猶難徧識，願學者『比物醜類』以求
之。』④

王氏羅列的證據很多，論說有力；他的意見是應予接納的。根
據王氏之言，「否則」是一個古代成詞，高氏將之分開來說，
似不可從。

注釋

① 見《書經注釋》，下冊，頁841。
② 見《尚書今古文集解》，《皇清經解續編》本，冊6，頁
　4061上。
③ 同上。
④ 見《經傳釋詞》，頁218—226。

七十七、乃或亮陰

高本漢解釋《無逸》「乃或亮陰」句說：

「『亮陰』的寫法很多。或作『諒陰』(見《論語·
憲問》篇)，這就使得馬融把它講成：『亮，信也
(『諒』)；陰，默也。』整句話是說：『他信任他
的輔佐之臣，他沈默不言。』或作『涼陰』(見《漢
書·五行志》)；或作『諒闇』(見《禮記·喪服四
制》)；或作『梁闇』(見《尚書大傳》)。《大傳》
解釋這兩個字說是『凶廬』(就是居喪的處所)；而
鄭玄則說『梁』就是『楣』(『門楣』，『屋上的橫
梁』)，這話說得不很明朗。這兩個字又作『亮闇』
(見《史記·魯世家》)，『闇』（ *.əm/.am/an ）的
意思是『黑暗』，與『陰』（ *.iəm/.iəm/yin ）字語
源相同，它絕對沒有『廬』(『小屋』、『棚屋』)
的意思(朱駿聲認爲『闇』是『庵』的假借字；但
是後者幷不見於漢以前的文獻之中)。但是于省吾還
說『梁』是『荊』字的譌誤，而『梁闇』因此就是
『荊庵。…以荊草覆廬也。』我以爲這兩個字是一
組『對語』（『正反語』antithesis），這個看法已
在拙著《詩經注釋·大雅·大明》：『涼彼武王』

條下説過了。所謂『亮陰』者，意思就是『光明被陰蔽了』（比喻明君退隱）。那麼，這句話就是説『於是，就説是光明被陰蔽了(明君退隱了)』。」①

高氏在《詩經注釋・大明》篇「涼彼武王」句下說：

「『亮陰』《論語》作『諒陰』，《漢書》作『涼陰』，《禮記》作『諒闇』，《尚書大傳》作『梁闇』，《史記》作『亮闇』；有假借字的不同，和本句一樣②。這兩個字的本義如何，大家的想法很多。我覺得第二個字在各處既一律是『幽暗』意思，那麼第一個字就是相反的指『光明』的字；『亮』是本字，『涼，諒，梁』都是假借字；『亮陰』的意思是『光明被陰蔽』，也就是：精幹的君主退隱。」③

高氏解釋「亮陰」為「光明被陰蔽」，實欠例證支持；把這個解釋放到《無逸》篇這句來看，也和上下文意不合；因此，高說令人難以接受。

段玉裁說：

「諒、涼、亮、梁古字四字同音，不分平仄也；闇、陰古二字同音，在侵韻，不分侵覃也。」④

諒、涼、亮、梁和闇、陰等字，古音相近通用，似無可疑。

《論語・憲問》說：

「子張曰：『《書》云：「高宗諒陰，三年不
言。」何謂也？』子曰：『何必高宗。古之人皆
然。君薨，百官總己以聽於冢宰三年。』」⑤

據《論語》所載，孔子似謂「諒陰」爲居喪不言。惟屈萬里則
說：

「『亮陰』，《論語・憲問》篇作『諒陰』，《禮
記・喪服四制》作『諒闇』，《尚書大傳》作『梁
闇』。《詩・商頌譜・正義》引鄭玄云：『諒闇，
轉作梁闇。楣，謂之梁。闇，謂廬也。小乙崩，武
丁立，憂喪三年之禮，居倚廬柱楣，不言政事。』
鄭氏以諒闇不言爲居喪，其說與《論語》合。按：
《國語・楚語上》：『昔殷武丁能聳其德至于神
明，以入于河。自河徂亳，於是乎三年默以思道。
卿士患之，曰：「王言以出令也；若不言，是無所
稟令也。」武丁於是作書曰：「以余正四方，余恐
德之不類」，茲故不言。』」《呂氏春秋・重言》
篇引述『諒闇三年不言』之語，而說爲天子應慎
言；亦不以爲居喪。故韋注《楚語》『默』字，
云：『諒闇也。』《論語集解》引孔云：『諒，信
也。陰，猶默也。』則亮陰即誠然沈默之意，鄭氏
說恐未的。」⑥

《呂氏春秋・重言》篇說：

「人主之言，不可不愼。高宗，天子也。即位諒

闇，三年不言。卿大夫恐懼患之，高宗乃言曰：

『以余一人正四方，余唯恐言之不類也，茲故不

言。』古之天子，其重言如此，故言無遺者。」⑦

以《無逸》下文說「其惟不言言乃雍」句審度之，則《楚語》
和《重言》之說似較爲可信。馬融解釋這句說：

「亮，信也；陰，默也。爲聽於冢宰，信默不

言。」⑧

馬說「信默而不言」，似也是屈氏所說「誠然沈默」的意思；
高氏將之分開解作：「信任」和「沈默」，似不是馬融的原
意。

　　從以上的討論可知，高本漢「乃或亮陰」句的解釋，并不
可取。

注釋

① 《書經注釋》，下冊，頁843－844。

② 高氏所謂：「有假借字的不同，和本句一樣。」「本句」指
　　《大明》「涼彼武王」句，此句在《韓詩》則作「亮彼武
　　王」，所以高氏說：「有假借字的不同。」

③ 見《詩經注釋》，下冊，頁755－756。

④ 見《古文尚書撰異》，《皇清經解》，冊9，頁6628下。

⑤ 見《論語注疏》，《十三經注疏》本，冊8，頁130下。

⑥ 見《尚書集釋》，頁199。

⑦ 見《呂氏春秋》，頁491。

⑧ 見《左傳・隱公元年・疏》所引。《十三經注疏》本，冊
　　6，頁39下。案：《孔疏》所引只說是「《尚書傳》」，王
　　鳴盛《尚書後案》說：「杜預于泰始十年議皇太子喪服引
　　《書傳》云云，載《晉書》。時《孔傳》未出，故杜注《左
　　傳》于今《尚書》皆不引，且今《孔傳》亦無此文，故定爲
　　《馬傳》。」(見《皇清經解》，冊7，頁4650下。)今從之。

七十八、亦罔或克壽

高本漢對《無逸》「亦罔或克壽」句的意思，有以下的看
法：

> 「《僞孔傳》還是跟以往一樣，把『或』字講成
> 『有』，此當是王充的說法。《論衡‧語增篇》述
> 此句作：『罔有克壽』，意思是說：『沒有一個是
> 能長壽的。』其實只需要用『或』字的普通意義就
> 比他的說法通順得多。那麼，這句話就是說：『也
> 沒有一個人（亦罔），有任何機會（＝『或克』——
> 或者能）活到（達到）高齡。』」①

高本漢由於反對將「或」講作「有」，便將《無逸》句話解釋
得迂曲難明，這不是一個好的做法。事實上，在前文②已經辨
明在古書裡，「或」之借爲「有」，在音韻學上是說得通的，
同時也有很多的證據支持。因此，《僞孔傳》把這句話說作：
「亦無有能壽考」③，是直接和通順的。

注釋

① 見《書經注釋》，下冊，頁848。高本漢就《僞孔傳》關於
　「或」字解釋的討論，見《盤庚》「不其或稽」句（《書經

　　注釋》，上冊，頁377－378) 和《多士》「時予乃或言爾攸

　　居」句(《書經注釋》，下冊，頁835－836)。

② 見本書「時予乃或言爾攸居」條。

③ 見《尚書正義》，《十三經注疏》本，冊1，頁241下。

七十九、　時人丕則有愆

　　高本漢說《無逸》「時人丕則有愆」句的意思是：

　　「蔡沈把『則』字講成一個名詞。他說：『時人大
法其過逸之行。』可看出「則」就是『法則』。在
此地的意思是『榜樣』，『以…為榜樣』。所以，
這句話就是說：『這個時代的人就會大大地把你的
過錯當作榜樣。』江聲把這話又改變成：『是人大
則效之，斯有愆尤矣。』（那些人把你當作榜樣，
而有錯誤。）可是，『是人』（那些人）非常不適合
于這句話上下文的意義；再有一點，蔡沈很正確地
把『有愆』當作『則』字的受詞，也是有例證的：
《康誥》云：『丕則敏德』（大大地以『敏德』來
作榜樣）。」①

蔡沈說：「則，法也。」②又說：「時人大法其過逸之行。」
③蔡氏當以「則」字作動詞用。陳舜政批評高氏說：

　　「高氏實在應該說蔡沈的「則」是個動詞才對。我
們看他後段的解釋，說『有愆』是『則』的『受
詞』，這也能看得出來他不能自圓其說了。」④

陳氏的批評是正確的。

　　「丕則」（「否則」）這個詞在《尚書》裡出現了多次，相信當是一個古代成詞；據王引之的說法，「丕則」的意思是「於是」，這在上文「旣誕否，則侮厥父母」條下已經辨明，高氏在這裡的說法，似不可信。

注釋

① 見《書經注釋》，下冊，頁858。

② 見《書集傳》，頁106。

③ 同上。

④ 同注①。

八十、非克有正迪，惟前人光施于我沖子

　　就《君奭》篇這段說話的意思，江聲說：

　　　　「我小子旦非能有所改正也，惟道揚前人光美以施
　　　　于我沖子而已。」①

孫星衍說與江說略同，而把「施」說為「延」：

　　　　「迪者，《釋詁》云：『道也。』施者，《詩・
　　　　箋》云：『延也。』言弗能常久繼前王恭懋顯明之
　　　　德，在今我小子旦非能有以正人也，惟道揚前人光
　　　　美，延于我幼君而已。」②

高本漢採納了孫星衍對「施」字的解釋，把《君奭》篇這段說
話的意思講作：

　　　　「只部分地採用C說。下面的這個句讀方式，是很
　　　　自然的：『非克有正迪，惟前人光施（延）于我沖
　　　　子。』意思是說：『我不能有正確的作為（＝行
　　　　走）；那是前人的榮耀延及我們這年輕的孩子（成
　　　　王）。』」③

高氏於「迪」字斷句，這和江、孫二氏的讀法有別（二氏皆於
「正」字斷句）。《偽孔傳》對這段說話的解釋是：

> 「我啻非能有改正，但欲蹈行先王光大之道，施正
> 於我童子。童子，成王。」④

蔡沈說：

> 「『非克有正』，亦自謙之辭也。言在今我小子
> 旦，非能有所正也。凡所開導，惟以前人光大之
> 德，使益焜耀，而付于沖子而已。」⑤

《僞孔傳》和蔡沈的說法雖不一致，但在句讀上，卻都以「非
克有正」爲句，和江、孫的句讀是一樣的。這樣看來，這句於
「正」字斷句，是歷來各家一致的，我們沒有理由捨棄不用。
此外，「迪惟」連用，似是古代成詞，未可分開來解釋。《立
政》篇：「迪惟有夏」⑥，這句：「迪惟前人」，下文：「我
迪惟寧王」⑦，皆其證。可見，《君奭》這裏當讀作：「非克
有正，迪惟前人光施于我沖子」。曾運乾說：

> 「克，能也。非克有正者，謙詞也。迪惟，語詞，
> 猶下文言道惟也。施，延也。言我道惟延前人光于
> 我沖子，不使遏佚。」⑧

周秉鈞說：

> 「有正，有所改正。迪，語首助詞，施，延也。沖
> 子，童子也，指後輩。言我小子旦非能有所改正，
> 惟延前人之光美于我後輩而已。」⑨

所說與曾氏同。王引之說：

　　　「迪，發語詞也。《書‧盤庚》曰：『迪高后丕乃

　　　崇降弗祥。』言高后丕乃崇降不祥也。（上文曰：

　　　『高后丕乃崇降罪疾。』）迪，語詞耳。《君奭》

　　　曰：『迪惟前人光施于我沖子。』《立政》曰：

　　　『古之人迪惟有夏。』兩迪字亦是語詞。王肅

　　　《注》及某氏《傳》，或訓爲道，或訓爲蹈，亦於

　　　文義未協。」⑩

王說似可信。

　　　從以上的討論可見，高氏對《君奭》這句說話的解釋，似

有不當的地方；曾運乾、周秉鈞和王引之的說法，似較可信。

注釋

① 見《尚書集注音疏》，《皇清經解》本，冊6，頁4200上。

② 見《尚書今古文注疏》，下冊，頁448。

③ 見《書經注釋》，下冊，頁873。引文中所說「C說」，即指
　　上文所引江聲和孫星衍的說法。

④ 見《尚書正義》，《十三經注疏》本，冊1，頁245上。

⑤ 見《書集傳》，頁108。

⑥ 同注④，頁260下。

⑦ 同注④，頁245上。「我迪惟寧王」，今本作「我道惟寧
　　王」。「道」字，馬融本、魏石經均作「迪」，今從之。見

屈萬里《尚書異文彙錄》，頁117。竝參見下文「我道惟寧王德延」條。

⑧ 見《尚書正讀》，頁227。

⑨ 見《尚書易解》，頁244。

⑩ 見《經傳釋詞》，頁140。

八十一、我道惟寧王德延

高本漢解釋《君奭》「我道惟寧王德延」句時說：

「《經典釋文》載馬融的本子此句『道』作
『迪』，這是現存此句最早的本子，我們當然是應
該採用的。更何況馬本的『迪』字，是那樣緊密地
互相搭配着，這句話的上文說：『我不能有正確的
行爲；那是前人的榮耀延及我們這年輕的孩子（成
王）。』此處周公再把這個意思渲染一番；那麼，
這句話就是說：『我的作爲（＝行爲＝行走）只是
（表示）那寧靜的王的美德的延續』（也就是說：
我自己並沒有什麼功勞，我只是一個傳遞者）。這
樣一講，上句與此句形成了極完美的對仗。而那個
經過改訂作「道」的本子，用這一說講，差不多也
有同樣的意義：『我的路線（行徑）只是表
示……。』」①

陳喬樅《今文尚書經說考》說：

「《尚書·釋文》曰：『「我道」，馬本作「我
迪」。』案：僞孔本作『我道』，此節今文雖無可
證，然上文言『迪惟前人光』，此云『我迪惟寧王
德延』，自當從馬本作『迪』爲是也。」②

皮錫瑞《今文尚書考證》說：

　　「《釋文》曰：『「我道」，馬本作「我迪」。』
　　案：馬本是也。此與上『迪惟』義同，因《傳》訓
　　『迪』爲『道』，遂誤作『道』耳。」③

楊筠如《尚書覈詁》說：

　　「迪，今本作道。按馬本及三體石經作迪。『迪
　　惟』與上文『迪惟前人光』同，作『道』者非
　　也。」④

《君奭》篇這句「道」字似當作「迪」。在上文「非克有正
迪，惟前人光施于我沖子」條的討論，已經辨明「迪惟」是一
個古代成語，而高氏在這裏卻將它分開來解，把「迪」字單獨
地講成「作爲」的意思，似是一個誤解。王引之說：

　　「《傳》曰：『故我以道惟安寧王之德謀欲延
　　久。』《釋文》：『我道，馬本作我迪。』引之謹
　　案：作『迪』者，原文也；作『道』者，東晉人所
　　改也。《尚書》『迪』字多語詞。上文曰：『迪惟
　　前人光』，《立政》曰：『迪惟有夏』，此云：
　　『我迪惟寧王德延』，迪字皆語詞也。後人或訓爲
　　蹈，或訓爲道，皆於文義不安。此句迪字既誤解爲
　　道，遂改迪作道以從誤解之義顯矣。幸有馬本，猶
　　得考見原文耳。」⑤

王說似是。

注釋

① 見《書經注釋》，下冊，頁874。

② 見《今文尚書經說考》，《皇清經解續編》本，冊16，頁12373上下。

③ 見《今文尚書考證》，頁383。

④ 見《尚書覈詁》，頁245。

⑤ 見《經義述聞》，《皇清經解》本，冊17，頁12637下—12638上。

八十二、天不庸釋于文王受命

高本漢解釋《君奭》「天不庸釋于文王受命」句說：

「《僞孔傳》把『釋』字講成『廢』（『絕棄』、
『拋棄』）。蔡沈（江聲與孫星衍都採用蔡氏的講
法）則把『釋』講成『捨』。這其實是『釋』字最
普遍的意思（這種例子在《左傳》裏可以說到處皆
是；《尚書·顧命》說：『王釋冕』，意思就是：
『王脫下了帽子。』）。所以，這句話就是說：
『天不因而廢止文王所接受的命令』。」①

據上文所說，高氏將「庸」字解爲「因而」，「釋」字則解爲
「廢止」；這個說法，似可商榷。王國維說：

「《多方》云：『非天庸釋有夏，非天庸釋有
殷』，與此『天不庸釋於文王受命』，文法正同，
庸釋二字蓋連文，意言舍去也。又《梓材》云：
『用懌先王受命』，用懌與用釋，疑不無有相通關
涉；但以《梓材》上文『肆王惟德，用和懌先後迷
民』之文觀之，知用懌之懌，承和懌字而誤也。」
②

楊筠如說：

「庸，與用同。釋，《晉語‧注》：『舍也。』庸釋，古成語，謂舍棄之意。《多方》：『非天庸釋有夏，非天庸釋有殷』，是其例也。」③

姜昆武說：

「庸，《說文》：『用也，从用从庚。庚，更事也。《易》曰：先庚三日。』釋，《說文》：『解也，从釆，釆取其分別物也，从罒聲。』『庸釋』，楊筠如云：『古成言，謂捨棄之意。』楊氏釋『庸釋』爲捨棄之意，孔《傳》『庸』作『用』解，『釋』作『廢』解，均從字面本意解釋，意可通。惟《尚書》『庸釋』一詞，乃爲天意厭棄，而欲盡其國祚，更其帝位之專用名詞，故得爲成詞。釋當讀爲《詩‧葛覃》『服之無斁』之斁，毛《傳》『厭也』，《爾雅‧釋詁》同。然『斁』、『釋』二字是一形之別，故《說文》釋『斁』爲『解』，意與『釋』全同，『庸斁』雙聲聯綿字，猶言『厭斁』也。《君奭》『天不庸釋于文王受命』，言天不厭棄而授與文王之命也。《多方》：『非天庸釋有夏，非天庸釋有殷。』此王誥多方，言非天欲棄與殷與夏國祚之命，乃爾君臣有罪辭於天也。故『庸釋』三見，並爲成詞。」④

「庸釋」似是古代成詞，高氏將之分拆開來解釋，實是一個誤解。

注釋

① 見《書經注釋》，下冊，頁875。譯文說：「天不因而廢止文王所接受的命令」，原文作："Heaven does not therefore (put away =) annul the mandate received by Wen Wang." （〈遠東博物館館刊〉，第21期，1949年，頁118。）

② 見《觀堂尚書講授記》，收入《觀堂授書記》，頁33。

③ 見《尚書覈詁》，頁245。

④ 見《詩書成詞考釋》，頁71—72。

八十三、上帝割申勸寧王之德

高本漢解釋《君奭》「上帝割申勸寧王之德」句說：

「《禮記·緇衣》引此句作：『上帝周田觀文王之德』。意思就是說：『上帝在周的田地裏觀察文王的德行』。因爲《禮記》編訂，是在西漢時代，這個時候《尚書》此句還沒有被人據古文經而改寫，我們可以肯定地認爲它代表着早期漢人的傳統板本，當然也是時代最早的可信經文。古文經的『割』字，在周人書寫的文獻中，當是沒有部首只作『害』。而在周人的文字中，『害』與『周』的形體非常近似，很容易發生混淆：『周』作『』，『害』作『』。『田』字與『申』字的容易譌誤，也是很明顯可見的。再說『勸』字；周代的《尚書》原文本來只作『雚』，沒有部首，後來只憑解經者的意見而寫成『勸』或『觀』。如此，我們很容易看出這些異文的譌變不外乎兩個可能：(1)『割申勸』被漢初人譌作『周田觀』。(2)『周田觀』相反的譌誤。這兩種可能，究竟何者屬實，據前所論，當是一目瞭然的事。」①

高氏認爲這句話當作「上帝周田觀文王之德」，又說：

「〔《禮記・緇衣》所引〕是時代最早的經説，它
的意義也最簡單自然。當然，我們總會覺得上帝特
別要在『周田』來『觀文王之德』有些奇怪。不
過，我們應該知道，這句話是直接指上一篇《無
逸》中的『文王卑服，即康功、田功』（注意『田
功』對《君奭》篇此句的意義）而説的。這一個小
小的地方，就堅強地支持了〔以上所説〕的意義
了。」②

高氏以爲《君奭》這句話應該採用《緇衣》所引「周田觀」的
寫法。他對上帝要在「周田」來「觀文王之德」的解釋，就這
句話本身來看，是說得通的；但是在比合上文來看，則似乎有
問題。《禮記・緇衣》引《君奭》這裏全句寫作：

「《君奭》曰：『昔在上帝，周田觀文王之德，其
集大命于厥躬。』」③

其中所引「昔在」和傳統經文作「在昔」④不同。《禮記・
疏》把「昔在」的意思說作：

「言往昔之時在上天也。」⑤

段玉裁《古文尚書撰異》說：

「今本『在昔』，宋本『昔在』；《疏》云：『往
昔之時在上天』，則宜从『昔在』。」⑥

這樣看來，《緇衣》所引的似是作「昔在」。《緇衣》所引既
是「昔在」，已經說是「往昔之時在上天」，則下文自不可又

說在周田觀察文王之德，這是顯而易見的。可能因爲這個原因，鄭玄和孔穎達在解釋《緇衣》這段引文時，都不採用「周田觀」這個寫法。鄭玄說：

> 「古文『周田觀文王之德』爲『割申勸寧王之德』，今博士讀爲『厥亂勸寧王之德』，三者皆異，古文似近之。割之言蓋也，言文王有誠信之德，天蓋申勸之，集大命於其身，謂命之使王天下也。」⑦

《孔疏》更把《緇衣》的引文讀作：「昔在上帝，周田觀（割申勸）文王之德」，說：

> 「上帝，天也；言往昔之時在上天也。周田觀文王之德，周當爲割，田當爲申，觀當爲勸，言文王有誠信之德，故上天蓋申重獎勸文王之德。」⑧

可見，《緇衣》的引文是有可疑之處，高氏據而將《君奭》篇經文改訂，頗有輕率之嫌。因此，討論《君奭》篇這句的意思，似宜採用傳統的板本。屈萬里《尚書集釋》說：

> 「據《緇衣‧鄭注》，知作『割申勸寧王之德』者，乃古文也。金履祥《書經注》云：『割申勸，……或作周田觀。周字似害，必害字也。』于氏《尚書新證》云：『格伯𣪘「周」作「𤰫」，師害𣪘「害」作「𠂤」，形似易渾。《堯典》：「洪水方割。」鄭《詩譜疏》引作「害」。』按：

周乃害字之誤，金于二氏所論甚諦。割、害古通。

《緇衣·鄭注》云：『割之言蓋也。』田，當爲申

之誤。申，《爾雅·釋詁》：『重也。』⋯⋯。」

⑨

屈說可信，但是他據《鄭注》而說「割」是「蓋」的意思，則還有商榷之處。皮錫瑞《今文尚書考證》說：

「鄭君讀『割』爲『蓋』，而《尚書》二十九篇無

用『蓋』字爲語辭者，則鄭說亦未可據。」⑩

《僞孔傳》解釋這句說：

「在昔上天割制其義，重勸文王之德，故能成其大

命於其身，謂謹德以受命。」⑪

《僞孔傳》釋「割」爲「割制」，其義可通。申，訓重，義見《爾雅·釋詁》⑫；《堯典》謂：「申命羲叔宅南交。」⑬《僞孔傳》：「申，重也。」⑭「申命」與「申勸」，構詞正同。《僞孔傳》的說法，時代旣早，又不必改動經文，似較高說爲長。

注釋

① 見《書經注釋》，下冊，頁888。

② 同上，頁888—889。

③ 見《禮記注疏》，《十三經注疏》本，冊5，頁935上。

④ 見《尚書正義》，《十三經注疏》本，冊1，頁247。

⑤ 同注③。

⑥ 見《古文尚書撰異》，《皇清經解》本，冊9，頁6636上。

⑦ 同注③。

⑧ 同注③，頁935上下。

⑨ 見《尚書集釋》，頁208。

⑩ 見《今文尚書考證》，頁387。

⑪ 同注④。

⑫ 見《爾雅注疏》，《十三經注疏》本，冊8，頁21上。

⑬ 同注④，頁21上。

⑭ 同上。

八十四、武王惟茲四人，尚迪有祿

高本漢解釋《君奭》「武王惟茲四人，尚迪有祿」句說：

「皮錫瑞以為：『不祿』的意思就是『死去』（例子見《國語‧晉語》，《禮記‧曲禮》），所以『有祿』也就是『活着』。皮氏此說甚為精闢。然而用『不祿』來稱述貴族或顯要的死亡，實際上是一種比喻的說法，也等於是說：『完結了他的公職』。這樣，『有祿』的意義也就可以比較得知了。所以，這句話就是說：『武王（之時），這四個人仍然進取並保有他們的俸祿（就是說：他們活着，也都在職）』。」①

依高氏的意思，他是將句中的「迪」字解為「進取」；這樣說，對於《君奭》這句說話，似乎沒有甚麼意義。在上文第八十條「非克有正迪，惟前人光施于我沖子」句的討論中發現，「迪」字在《尚書》裏，很多時都作虛詞用②，而從「尚迪有祿」句的構詞方式和上下文意來看，這「迪」字似也是一個虛詞。曾運乾《尚書正讀》說：

「迪，猶也，聲相近。尚迪，語詞複用也。」③

屈萬里《尚書集釋》也說：「迪，語詞。」④這些意見都是可取的。

注釋

① 見《書經注釋》，下冊，頁892。

② 見本書頁269—272。

③ 見《尚書正讀》，頁231。

④ 見《尚書集釋》，頁209。

八十五、因甲于內亂

高本漢解釋《多方》「因甲于內亂」句時引述鄭玄和孫星衍的說法說：

> 「鄭玄把『甲』字講成『狎』字的省體（這是《爾雅》的說法），又把『狎』字講成『習』（『熟悉於』＝『慣常做』）的意思。鄭氏的《注》說：『習爲鳥獸之行于內，爲內亂。』這樣講與原文比起來，頗有出入，孫星衍加以修飾而說：『（桀）因習於好內以亂政。』意思就是：『於是他就親近那些內部的搗亂份子。』」①

高氏這樣說，有一些可以商榷的地方。考《尚書·疏》引鄭玄說：

> 「習爲鳥獸之行於內爲淫亂。」②

所引寫作「淫亂」，與高氏所引作「內亂」者不同。高氏作「內亂」的寫法，似因孫星衍所引而來。孫氏引鄭玄《注》作「習爲鳥獸之行於內爲內亂」，竝說：

> 「甲者，《釋言》云：『狎也。』內亂者，桀嬖有施氏女妹喜。……言桀因習于好內以亂政……云『鳥獸行』者，《周禮·大司馬》云：『外內亂，

　　　鳥獸行，則滅之。』《注》引《王霸記》曰：『悖

　　　人倫，外內無有異于禽獸。』是也。」③

據孫氏的說話來看，他所引寫作「內亂」者，當是「淫亂」之
誤。高氏所據《鄭注》作「內亂」者，顯然是錯誤的。

　　　鄭玄用「習爲鳥獸之行於內」來說「甲於內亂」，意思似
是指夏桀寵嬖妹喜的事。楊筠如《尚書覈詁》說：

　　　「甲，《釋名》：『狎也。』《釋詁》：『狎，習

　　　也。』《鄭注》：『習爲鳥獸之行于內爲淫亂。』

　　　正讀『甲』爲『狎』也。鄭意內亂，指嬖妹喜之

　　　事。《晉語》：『昔夏桀伐有施，有施氏以妹喜女

　　　焉。』妹喜有寵，《呂覽》：『桀聽于末喜。』是

　　　其事也。」④

孫星衍似承用鄭說，孫氏說「桀因習于好內以亂政」，所謂
「好內」者，也是指寵嬖妹喜的事。高氏以孫星衍「好內」的
意思是「親近那些內部的搗亂份子」，似非孫氏原意。

注釋

① 見《書經注釋》，下冊，頁924。高氏英文原文說："Cheng
　　Huan takes kia 甲 as short—form for hia 狎 (after Erya), defining
　　this as = 習 ('to be familiar with' = 'to practise'), and he
　　paraphrases: 'He practised the actions of beasts in the interior and
　　did interior disorder'. This is not reconcilable with the text, and

Sun Sing—yen turns it better: 'And then he was familiar with the disorderly ones of the interior'." （見〈遠東博物館館刊〉，第21期，頁136。）陳舜政的譯文和高氏原文一致。

② 見《尚書正義》，《十三經注疏》本，冊1，頁256上。

③ 見《尚書今古文注疏》，下冊，頁461—462。

④ 見《尚書覈詁》，頁256—257。

八十六、古之人迪惟有夏

　　高本漢在討論《立政》篇「古之人迪惟有夏」句的意思時，引用蔡沈的說話說：

　　　「蔡沈讀此句爲：『古之人，迪惟有夏。』他解釋

　　　說：『古之人有行此道者惟有夏之君。』所以，這

　　　句話就是說：『在古人之中，那循走（正當）路途

　　　的，就是夏君。』」①

　　高氏將「古之人迪惟有夏」句中的「迪」字解作「道」；這個說法，似有問題。在上文討論《君奭》篇「非克有正迪，惟前人光施于我沖子」句時，已經辨明《尚書》「迪」字在這種句式裏，是作爲語詞來用②，因此之故，這句的「迪」字，也宜作爲語詞解。楊筠如：《尚書覈詁》說：

　　　「『迪惟』，發語辭。《君奭》：『迪惟前人

　　　光』，與此同例。」③

屈萬里《尚書集釋》說：

　　　「迪惟，語詞。」④

周秉鈞《尚書易解》說：

　　　「迪，語中助詞。……言古之人惟有夏之君，其卿

　　　大夫甚彊。」⑤

這些說法都是可以參考的，也都較高氏的說法通順和合理。

注釋

① 見《書經注釋》，下冊，頁957。

② 見本書頁279—272。

③ 見《尚書覈詁》，頁266。

④ 見《尚書集釋》，頁223。

⑤ 見《尚書易解》，頁264。

八十七、罔有不服

就《立政》篇「罔有不服」句中「服」字的解釋，高本漢提出了他的新見，他說：

> 「《僞孔傳》是把這句話講成：『無不服化者。』意思就是說：『沒有不服從（你的教化）。』另一說：從細節上看，當然還是有所差別的。案：這句話的上文說：『其克詰爾戎兵，以陟禹之迹。』而禹在征巡之後便建立了『九服』（九種屬地，屬國）——就是臣屬的領區。『服』字在此地顯然是指『九服』的『服』而說的，所以我們應該把這句話講成：『沒有一個不像屬地那樣（服從的）。』」①

謹案：高氏所說的「九服」，當是「五服」之誤，因爲在夏禹之時，只王畿外圍建立了五個等級的臣服地帶，稱爲「五服」；《禹貢》說：

> 「五百里甸服。」②

《孔疏》說：

> 「既言九州同風，法壤成賦，而四海之內，路有遠近，更敘弼成五服之事，甸侯綏要荒五服之名。堯之舊制，洪水既平之後，禹乃爲之節文，使賦役有

恆，職掌分定。甸服去京師最近，賦稅尤多，故每於百里，即為一節。侯服稍遠，近者供役，故二百里內各為一節，三百里外共為一節。綏、要、荒三服去京師益遠，每服分而為二，內三百里為一節，外二百里為一節，以遠近有較，故其任不等。」③

而所謂「九服」，則是《周禮・職方氏》所指的「乃辨九服之邦國」④的九級區地，這是較為後起的觀念；「五服」和「九服」的建立，是有時代先後分別的。

高氏以為「罔有不服」的「服」字，和屬地、屬國的意思頗有關連，這種想法，似乎流於有點附會。照高氏的說法，這句說話的意思會被講得很曲折，同時也還離不開將「服」解作「服從」。和《偽孔傳》的解釋相較下之，高說並不顯得可取。

注釋

① 見《書經注釋》，下冊，頁981。
② 見《尚書正義》，《十三經注疏》本，冊1，頁91下。
③ 同上。
④ 見《周禮注疏》，《十三經注疏》本，冊3，頁501上。

八十八、旣彌留

《顧命》篇載成王將崩時，遺命召公等輔相康王說：

> 「王曰：『嗚呼！疾大漸，惟幾。病日臻，旣彌
> 留，恐不獲誓言嗣，茲予審訓命汝。』」①

《僞孔傳》以爲這段說話的意思是說：

> 「自嘆其疾大進，篤惟危殆。病日至，言困甚；已
> 久留，言無瘳恐不得結信出言嗣續我志，以此故我
> 詳審教命汝。」②

《僞孔傳》將「旣彌留」說爲「已久留」，是解「彌」爲
「久」。江聲則將「彌」字講作「終」，以爲「旣彌留」的意
思是：

> 「已當命終而淹留之際。」③

《僞孔傳》和江聲的兩種不同意見，高本漢認爲《僞孔傳》比
較可取。高氏說：

> 「《僞孔傳》把『彌』字講成『久』。所以，這句
> 話就是說：『旣已久久（＝耽延地）滯留。』
> 『彌』字的普通意義是『延展』、『延長』。例
> 如：《國語・晉語一》云：『讒言彌興』，意思
> 是：『讒言逐漸地（＝漸增地＝擴展地）興起』。昭
> 公十三年《左傳》云：『守志彌篤』，意思是：

　　　　『他逐漸地（更加地＝擴延地）篤實於保守自己的

　　　　志向』。《逸周書・謚法解》說『彌』就是『久』

　　　　的意思，《僞孔傳》的解釋，或許就是本自此說

　　　　了。」④

又說：

　　　　「江聲把『彌』字講成『終』（『終了』、『完

　　　　結』，這是《爾雅》的說法）。他解釋這句話說：

　　　　『當命終而淹留之際』，意思就是：『當（我的生

　　　　命）完結（而還在）拖延的時候』。我們很容易看

　　　　出江氏此說的來源：在《詩經・大雅・卷阿》裏有

　　　　句話說：『俾爾彌爾性』，意思是：『望你終你的

　　　　天年』。儘管如此，江氏對於《尚書》此句的解說

　　　　方式，總嫌太勉強了。」⑤

　　謹案：高氏的論斷，未免過於主觀。江氏以「彌」字解爲

「終」，也不是沒有根據的。《說文》無「彌」字，卷九

「長」部有「镾」字，云：「久長也。」⑥段玉裁《說文解字

注》說：

　　　　「镾，今作彌，蓋用『弓』部之彊代镾而又省王

　　　　也。彌行而镾廢矣。漢碑多作彊可證。镾之本義爲

　　　　久長，其引伸之義曰：大也、遠也、益也、深也、

　　　　滿也、徧也、合也、縫也、竟也，其見於《詩》

　　者，《大雅》《生民》、《卷阿》《傳》皆曰：

　　『彌，終也。』」⑦

王筠《說文句讀》說：

　　「《釋言》、《毛傳》皆曰：『彌，終也。』彼說

　　經，故究其極而言之曰終。此說字，字從長，故原

　　其始而鋪觀之曰久長。」⑧

「彌」字之說為「終」，於字義的引伸和經籍的訓解上，都是有根據的。「彌留」實為一個專用於病危時的詞語，意思即江聲所說「當命終而淹留之際」，這在現代漢語也還是保存的。從《顧命》所描述成王病情趨於危險的發展來看，由疾而幾（危殆）而病，以至最後達到「彌留」，江聲的說法也是合乎情理的。諸位《尚書》學者如孫星衍、曾運乾、屈萬里、周秉鈞、王世舜、吳璵等⑨，都採用江氏的解釋來說《顧命》這句話的意思；這樣看來，江聲的說法是不宜放棄的。

注釋

① 見《尚書正義》，《十三經注疏》本，冊1，頁276上。

② 同上。

③ 見《尚書集注音疏》，《皇清經解》本，冊6，頁4220上。

④ 見《書經注釋》，下冊，頁988—989。

⑤ 同上，頁989。

⑥ 見《說文解字》，頁196上。

⑦ 見《說文解字注》，《說文解字詁林》，冊9，頁4216a。

⑧ 見《說文句讀》，《說文解字詁林》，冊9，頁4216b。

⑨ 諸位先生的說法分見：《尚書今古文注疏》，下冊，頁483；《尚書集釋》，頁233；《尚書正讀》，頁261；《尚書易解》，頁275；《尚書譯注》，頁257；《尚書讀本》，頁166。

八十九、奠麗陳教

　　高本漢對《顧命》「奠麗陳教」句的解釋，有以下的看法：

　　　「『麗』字在後來，最普通的意思是：『美麗』，『美好』，『華美』，在周代的文獻中，這個意義也有很多的例證，如：《莊子・列御寇》篇云：『壯、麗、勇、敢』。『麗』字就是『美麗』、『漂亮』的意思。《荀子・非相》篇元：『莫不美麗姚冶』，意思是說：『沒有一個不是美麗而標緻的』；《楚辭・招魂》云：『麗而不奇些』，意思是：『漂亮，但是並不出色。』這句話，與上句話意思相仿，也應該連起來講：『宣重光奠麗』，就是說：『（文王與武王）一位跟著一位地宣示了他們的光輝，並顯現他們的美雅。』『陳教』這兩個字應該屬下句讀，作：『陳教則肆』。」①

　　謹案：高氏的解釋，似不能接受，因為高氏將句中的「奠」字解成「顯現」，實欠例證支持。《周禮・職幣》：「皆辨其物而奠其錄。」②《注》：「奠，定也。」③朱駿聲《說文通訓定聲》：「奠，叚借為定。」④《偽孔傳》亦以此

句「奠」爲「定」，則此當以「定」解爲宜。「麗」字，經傳
多作「依附」解。《易・離》：

「離，麗也。日月麗乎天，百穀草木麗乎土。」⑤
《鄭注》：

「麗，猶著也。各得所著之宜。」⑥
「麗」字在《尚書》裏多次使用，如《多方》「不克開于民之
麗」和「慎厥麗乃勸」、《呂刑》「越茲麗刑并制」和「惟時
苗民匪察于獄之麗」⑦等。孫星衍在《多方》「不克開于民之
麗」句下說：

「麗者，麗於獄也。《周禮・小司寇職》：『以八
辟麗邦法，附刑罰。』《注》：『杜子春讀麗爲
羅。』《疏》云：『羅則入羅網，當在刑書。』
《呂刑》云『越茲麗刑』，又云『苗民匪察于獄之
麗』是也。……不能開釋于民之麗于罪網
者……。」⑧
孫氏的解釋頗得《多方》這句說話的意思，所說「麗」字的意
思，也和一般經傳相合。孫氏對《多方》這句話的解釋，也能
用於上列《尚書》用「麗」字的句子上，由此可見，《尚書》
的「麗」字，多用作「依附」解，而所依附的又都是孫氏所說
的「罪網」。在《尚書》裏，「麗」字多解爲「依附罪網」，
故又得意轉而爲「罪網」；《周禮・小司寇職・注》引杜子春
「讀麗爲羅」⑨，則是一個明證。屈萬里說：

「麗，羅也；意謂法網也。本孫氏《注疏》說。

按：《呂刑》有『獄之麗』語。《詩・瞻卬》有

『罪罟』語；是以網羅喻刑法，爲西周時常語。」

⑩

屈氏的說法是可信的。

《顧命》「奠麗陳教」句，「奠麗」和「陳教」相對，「奠麗」謂法網，「陳教」謂陳教法，文意非常通順；高氏在「奠麗陳教」從中讀斷，反爲不美。

注釋

① 見《書經注釋》，下冊，頁992。

② 見《周禮注疏》，《十三經注疏》本，冊3，頁107上。

③ 同上。

④ 見《說文通訓定聲》，《說文解字詁林》，冊6，頁2012b。

⑤ 見《周易正義》，《十三經注疏》本，冊1，頁73下。

⑥ 同上。

⑦ 分見《尚書正義》，《十三經注疏》本，冊1，頁255下、256下、296下、299下。

⑧ 見《尚書今古文注疏》，下冊，頁461。

⑨ 見《周禮注疏》，《十三經注疏》本，冊3，頁524上。

⑩ 見《尚書集釋》，頁215。

九十、綴純

　　對於《顧命》篇「綴純」這個詞的意思，高本漢有以下的
看法：

　　「《僞孔傳》以爲『綴』的意思是『雜彩』。江聲
　　試圖鞏固這個講法，引了《周禮・司几筵》爲證，
　　又把《尚書》這段話裏所提到的四種蓆子與《周
　　禮》所說的比較；他認爲這樣可以用『繢純』來解
　　釋『綴純』，『繢』的意思是『雜色的』。不過，
　　《周禮》所說到的蓆子有六種，《尚書》只提到四
　　種，它們之間根本就沒有眞正的對等形式可言。所
　　以，比況的方法是行不通的。我們沒有理由不用
　　『綴』字的普通意義──『縫綴』、『綴補』。如
　　此『綴純』的意思就是：『縫綴的邊』。」①

　　謹案：高氏將「綴純」的「綴」字解做「縫綴」，這在
《顧命》裏似乎沒有多大的意義。因爲《顧命》提到的「黼
純」、「畫純」、「玄紛純」等，沒有不是縫綴的，不應單分
出「綴純」一類出來。「綴純」必定有它特別的意思。《僞孔
傳》說：「綴、雜彩。」②《孔疏》說：

　　「綴者，連綴諸色，席必以彩爲緣，故以綴爲雜彩
　　也。」③

江聲說：

> 「《周禮》蒲、筵、繢、純，以此上下文與《周
> 禮》參之，則綴純當其繢純。」④

又說：

> 「《周禮・司几筵》有莞、藻、次、蒲、熊五席，
> 又有葦席、萑席，凡七席而純則唯紛、畫、黼、繢
> 四者，無所謂綴純；此經上下文有黼純、畫純、紛
> 純與此綴純而四，繢純則未有見，以兩文相參，則
> 此綴純當《司几筵》之繢純矣。」⑤

江氏以《周禮》所見之四純和《顧命》的四純比較，由於都是
各分四類，所以這個比較應是有價值的。孫星衍說：

> 「《大戴・明堂篇》云：『赤綴，戶也。』盧氏注
> 云：『綴，飾也。』以爲畫飾，則與繢同。江氏說
> 是也。」⑥

孫氏提出的證據，亦有助支持江氏的意見。由此可見，江聲的
說法，實較高本漢可取。

注釋

① 見《書經注釋》，下冊，頁1003。
② 見《尚書正義》，《十三經注疏》本，冊1，頁278上。
③ 同上。
④ 見《尚書集注音疏》，《皇清經解》本，冊6，頁4224上。

⑤ 同上，頁4224上下。

⑥ 見《尚書今古文注疏》，下冊，頁490。

九十一、越玉五重陳寶

　　高本漢認爲《顧命》「越玉五重陳寶」句中「陳寶」的意
思是：

　　「『陳』字普通意義就是『舊』（與『新』爲反義
　　詞），因爲在此地描寫的是一些神聖的傳家寶物的
　　陳列，所以，這句話顯然地是說：『（有）五組的
　　玉石，與古舊的寶物』。案：《詩經・小雅・甫
　　田》云：『我取其陳』，意思就是說：『我們取我
　　們的舊（穀子）』。『陳』字與此地的同義。」①

高氏認爲「陳寶」就是「古舊的寶物」，所說似乎頗不合適。
王國維〈陳寶記〉說：

　　「《史記・秦本紀》：『文公十九年獲陳寶。』而
　　《封禪書》言：『文公獲若石云，於陳倉北坂城祠
　　之，其神或歲不至，或歲數來，來也常以夜，光輝
　　若流星，從東南來，集於祠城，則若雄雞，其聲殷
　　云，野雞夜雊，以一牢祠，名曰陳寶。』是秦所得
　　陳寶，其質在玉石間，蓋漢益州金馬碧雞之比，秦
　　人殆以爲周書《顧命》之陳寶，故以名之。是陳寶
　　亦玉名也。」②

陳舜政說：

「高氏云：『古舊的寶物。』謹案：這是直譯。高氏蓋以『陳寶』為『古玩』、『古董』之義，實為大錯。『陳寶』為玉名，是一個名詞。屈萬里先生云：『陳寶，玉器名。秦文公曾獲陳寶，其質在玉石之間。』知為玉石之專名。秦文公獲陳寶的事，見《史記・封禪書》。又《廣雅・釋器》云：『陳寶、孟勞、馬氏、白楊、剞劂、劉刀也。』王念孫《廣雅疏證》云：『《顧命》：「陳寶，赤刀。」《傳》以陳寶為「陳王所寶之器物。」《正義》引鄭氏說同此。以「陳寶」為刀名，則與赤刀同類，或用今文說也。』不管怎麼說『陳寶』，究是一個專有名詞。高氏以『陳』為『舊』，未得其實也。」③

「陳寶」之為專有名詞，既於古籍有徵，則高氏所說，自不足信。

注釋

① 見《書經注釋》，下冊，頁1006。

② 見《觀堂集林》，冊1，頁67—68。所引《史記》《秦本紀》及《封禪書》分見《史記》冊1，頁179及冊4，頁1359。

③ 見〈讀高本漢《書經注釋》〉，《文史哲學報》，第17期，
　頁343。

九十二、赤刀、大訓、弘璧、琬琰

　　高本漢以為《顧命》「赤刀、大訓、弘璧、琬琰」中的「大訓」即是「大介」之誤。他說：

　　「『琬』、『琰』與『大訓』，都跟『璧』一樣，必定是一些用於典禮中的玉石。如果把『大訓』只照字面上去講，在所有列舉的物品當中就會顯得特別突然而不類。『訓』字的部首『言』字，一定是漢人加上去的（這種作風，我們見過的很多），我們其實大可把『言』旁剔去來講。不過『川』字在此地沒有意義，所以它一定是一個譌誤字。可能『川』字本來應該作『介』（因為這兩個字的形體近似，容易混淆）。『介』其實也就是『介圭』（大圭），這個器物見於本篇的後段，也見於《詩經·大雅》的《崧高》與《韓奕》兩詩之中。此處只說『大介（＝川─訓）』而不說出『圭』字，情形與下文的『琬』、『琰』是一樣的。所謂『琬』就是『琬圭』（圓頂的圭），而『琰』就是『琰圭』（尖頂的圭）。再說：既然『大』與『介』的意義相同（都當『大』講），那麼，『大介』在一起似乎是一種多餘的重複；不過，事實上『介圭』

　　　（大圭）是一種『圭』的專稱，在『介圭』這個名
　　稱上並不意味着有形容或修飾的作用，所以『大』
　　字只是『介圭』這個器物的修飾語。如此，這句話
　　的意思就是說：『（祭祀用的）紅色（玉）刀，大
　　的介（圭），大的璧，圓頂（圭）與尖頂
　　（圭）。』」①

　　謹案：高氏的說法，頗爲牽強，同時也解釋不了同是一件
玉器，在同一篇裏，前面稱爲「大介」而後文卻稱「介圭」②
的不一致。「大訓」，鄭玄說是「禮法，先王德教」③，王肅
說是「虞書典謨」④，此似是就內容而言；王國維則說「大
訓」是載有謨訓的玉版，此則兼就器物而言；兩說似均可通。
王國維說：

　　「『大訓』蓋鑴刻古之謨訓於玉，河圖則玉之自然
　　成文者。數者雖無確證，然涵泳經文，無以易此解
　　也。」⑤

屈萬里亦說：

　　「大訓，蓋即上文所謂『文武大訓』，而著之於玉
　　版者。」⑥

謂「大訓」爲載刻謨訓的玉版，似較高說爲可信。

注釋

① 見《書經注釋》，下冊，頁1007。

② 《顧命》在下文說：「太保承介圭，上宗奉同瑁，由阼階
　隮。」《僞孔傳》說：「大圭，尺二寸，天子守之。」見
　《尚書正義》，《十三經注疏》本，冊1，頁281上。

③ 見《尚書正義》，《十三經注疏》本，冊1，頁279下。

④ 同上。

⑤ 見《觀堂集林》，冊1，頁68。

⑥ 見《尚書集釋》，頁237。

九十三、眇眇予末小子

　　高本漢以為《顧命》「眇眇予末小子」句中的「末」字是
「最後」的意思，他說：

> 「顧偉 Couvreur 是把這句話講成：Minimus ego,
> novissimus parvus filius。意思是：『我這最小的，
> 最後（新）的小兒子。』這就是把『末』字講成
> 『末後』、『最後』的意思。所以，這句話就是
> 說：『我這微不足道的（最後的小孩子＝）小孩，
> 我們這世系裏的最後一個。』在此句的前兩句話，
> 『末』字也有當作『最後』講的例子：『末命』，
> 意思就是：『最後的（命令＝）遺命』，與此句中
> 的『末』字相同。」①

高氏這個說法，頗有值得商榷的地方。《偽孔傳》把「眇眇予
末小子」說成：「言微微我淺末小子」②，以「末」為「淺
末」；蔡沈採用了這個解釋，說為「眇眇然予微末小子」③。
以「末」為「淺末」、「微末」，似較為接近經意。陳舜政
說：

> 「謹案：康王是一位新登基的王，即在其父喪悲痛
> 之餘，也不應該說出這種不吉利的話來。因為從高
> 氏所引的法儒顧福華氏的說法來看，則康王不啻對

於他的王朝，説出了驚人忌諱的話來。這是極不合

理的。此處的『末』，當是微末的意思。」④

陳氏批評高本漢的解釋不近情理，是正確的。或謂高氏以

「末」（高氏原文用 last 字）⑤爲「新近」的意思，但是

「末」這樣的用法，在古書裏，卻似未有所見。

注釋

① 見《書經注釋》，下冊，頁1018。高氏原文是："Couvreur:
'Minimus ego, novissimus parvus filius', thus taking mo末 in its
sense of 'last'; 'Very insignificant am I, the (last small child=)
small child, last of our line'. Mo has this sense of 'last' only a
couple of lines earlier: 末命 'the last (order=) will' and should
have the same here."（見《遠東博物館館刊》，第21期，1949
年，頁124。）

② 見《尚書正義》，《十三經注疏》本，冊1，頁282上。

③ 見《書集傳》，頁127。

④ 見〈評高本漢《尚書注釋》〉，《孔孟學報》，第8期，
1964年，頁192。

⑤ 參注①。

九十四、苗民弗用靈

　　《呂刑》篇「苗民弗用靈」句，高本漢認爲應該採用《墨子》所引「苗民否用練」的寫法，而「練」就「由訓練而改善」的意思。高氏說：

　　「《墨子・尚同篇》中引此句作：『苗民否用練』。有幾位清代的學者都認爲，既然『令』可以與收—n尾的字押韻（在《詩經》裏就必得把原來的*liěng音改讀成*liěn音），所以『練』字在此地就是『令』的假借字。這樣講實在大有問題。因爲『練』字的音值是*glian/lien/lien。如果說*glian音可以假借爲*liěn，決不能令人置信。『練』字，其實只是『訓練』，『由訓練而改善』的意思。這樣看來，《墨子》所引的這句經文，其意義顯然是說：『苗民們不用那改善的訓練』（只用那些嚴酷的刑罰）。案：《禮記・月令》云：『簡練俊傑。』意思是說：『選擇並訓練俊傑之士。』『練』字的意思與此同。這樣講，很能符合一項經常出現的《尚書》經義中的理論：就是首先應該教民，只有在他們頑劣不堪的時候才處罰他們。」①

謹案：高氏似誤解了《墨子・尚同篇》的意思。考《尚同篇》說：

> 「昔者聖王制爲五刑，以治天下。逮至有苗之制五
> 刑，以亂天下。則此豈刑不善哉？用刑則不善也。
> 是以先王之書，《呂刑》之道，曰：『苗民否用
> 練，折則刑，唯作五殺之刑，曰法。』則此言善用
> 刑者以治民，不善用刑者以爲五殺。則此豈形不善
> 哉？用刑則不善，故遂以爲五殺。」②

墨子重點在於討論用刑的善與不善，似無高氏所說的「由訓練而改善」的意思。段玉裁說：

> 「『靈』作『練』者，雙聲也。依《墨子》上下文
> 觀之，練亦訓善，與孔正同。」③

段氏的說法，簡單而合理，《墨子》「練」字，當從段氏作「善」解。高氏說爲「由訓練而改善」，仍脫不開「善」義，講法反覺迂曲，實不可取。高氏根據這個錯誤的說法來解釋《呂刑》這句說話，當然不能令人相信；同時，他的解釋，也不能照顧《呂刑》作「靈」的寫法，因此實難使人接受。《呂刑》「苗民弗用靈」句的意思，《僞孔傳》說：

> 「三苗之君，習蚩尤之惡，不用善化民而制以重
> 刑，惟爲五虐之刑，自謂得法。」④

《僞孔傳》解「靈」爲「善」，與《墨子》的意思相同。蔡沈亦有同樣的看法：

「苗民承蚩尤之暴，不用善而制以刑，惟作五虐之
刑，名之曰法，以殺戮無罪……。」⑤

孫星衍也說：

「《詩·箋》云：『靈，善也。』與令通義。『弗
用靈』當是弗用善以治姦民，即下文云『報虐以
威』也。《墨子·尚同中》篇云：『昔者聖王制爲
五刑以治天下，逮至有苗之制五刑以亂天下。則此
豈刑不善哉？用刑則不善也。是以先王之書《呂
刑》道之曰：「苗民否用練，折以刑，惟作五殺之
刑曰法。」』則此言善用刑者以治民，不善用刑者
以五殺。靈字，《緇衣》作『命』，《墨子》作
『練』，聲俱相近。」⑥

他們都以「靈」作「善」解，對《呂刑》這句話來說，意思通
順；揆諸高說，也較簡單和合理。

注釋

① 見《書經注釋》，下册，頁1041。

② 見《墨子》，《四部備要》本，卷3，頁6a。

③ 見《古文尚書撰異》，《皇清經解》本，册9，頁6661下。

④ 見《尚書正義》，《十三經注疏》本，册1，頁296下。

⑤ 見《書集傳》，頁133。

⑥ 見《尚書今古文注疏》，下册，頁521。

九十五、無世在下

　　高本漢以爲《呂刑》「無世在下」這句話的意思是：

　　　「薛季宣（宋人）以爲『下』的意思是指『時間』
　　　說的。所以這句話的意思是：『他們沒有世代在下
　　　面（＝以後）。』也就是說：『他們就沒有後代
　　　了。』這樣講是很確實可信的。」①

薛季宣對《呂刑》這句話的解釋，見《書古文訓》，他說：

　　　「堯哀庶戮之濫，奉行天威，以報有苗之虐，放之
　　　於遠，不得傳國於後……。」②

薛季宣以「在下」爲「於後」解，但這卻沒有確實的證據支
持。《呂刑》用「在下」這詞，除此句外，還有四處，茲鈔錄
如下：

　1.　「群后之逮在下，明明棐常」；

　2.　「穆穆在上，明明在下」；

　3.　「自作元命，配享在下」；

　4.　「今天相民，作配在下」。③

此外，「在下」一詞，在《尚書》其他地方亦兩見

　1.　《堯典》：「有鰥在下」；

　2.　《文侯之命》：「昭升于上，敷聞在下」。④

在這些用「在下」一詞的地方，意義似都和「上天」相對，所
謂「在下」，意思即指人間，這是顯而易見的。《呂刑》「無
世在下」句，《偽孔傳》說：「無世位在下國。」⑤江聲說：
「使無有繼世在于下土。」⑥「下國」、「下土」，意義與
「上天」相對，這些解釋，都較高說為可取。

注釋

① 見《書經注釋》，下冊，頁1048。

② 見《書古文訓》，《通志堂經解》本，冊11，頁6351下。

③ 見《尚書正義》，《十三經注疏》本，冊1，頁297下、298
　　下、299上、303下。

④ 同上，頁28下、309下。

⑤ 同上，頁296下。

⑥ 見《尚書集注音疏》，《皇清經解》本，冊6，頁4244下。

九十六、群后之逮在下，明明棐常

　　《呂刑》「群后之逮在下，明明棐常」句的意思，和上下文的意思，關係非常密切，茲將整段鈔錄，以便討論：

> 「民興胥漸，泯泯棼棼，罔中于信，以覆詛盟。虐威庶戮，方告無辜于上。上帝監民，罔有馨香德，刑發聞惟腥。皇帝哀矜庶戮之不辜，報虐以威，遏絕苗民，無世在下。乃命重黎絕地天通，罔有降格。群后之逮在下，明明棐常，鰥寡無蓋。皇帝清問下民，鰥寡有辭于苗。德威惟畏，德明惟明。……」①

《墨子‧尚賢》篇引用了《呂刑》這段文字，但在字句的次序上，卻稍有不同，也鈔錄於後：

> 「先王之書，《呂刑》道之，曰：『皇帝清問下民，有辭有苗曰：群后之肆在下，明明不常，鰥寡不蓋。德威維威，德明維明……。』」②

高本漢認爲《呂刑》這句話的意思應當是：

> 「『棐』字假借爲『匪』（是一個否定詞）。這種例子見於《尚書》裏的很多。《墨子‧尚賢中》所說的『不常』的『不』字，就是這個字正確的解釋。『棐常』的意思，確切地說與我們本篇後段所

說的『柴彝』是一樣的，就是：『不定規的（措施）』。『在下』，與《堯典》所說的：『有鯀在下』同義，就是：『地位卑下』的意思。『群后』如說是『諸侯』，在上下文裏實在沒有什麼意義，因爲此處的整段話（包括此句以前跟以後的話），所描述的是王對付苗民的作爲。在此地這句話的上下文裏，稱呼王都用『皇帝』的字樣，在這句話則稱爲『君后』。漢代的學者都以爲『君』是『群』字的省體（周人書法，例不用部首），他們錯誤地加上『羊』部是因爲『群后』一詞習見於《尚書》的前幾篇之中。但是我們此處『君后』與《顧命》篇所說的『皇后』意義完全類似。我們說『君』字當爲正字，可由陸德明《經典釋文》得到此說間接的證據。《釋文》在說到『皇帝哀矜……』句中的『皇帝』時說：『君帝，君宜作皇字』。這表示，陸德明所見的有些本子，在這段話裏必定有『君』這個字。不過他把它混淆了。『君』字應該屬於『君（群）后』才對，而『君帝』並不是『皇帝』的異文。如此，這句話應該作：『君后之逮在下，明明柴常』，意思是說：『當那至高的統治者（＝君后）接觸到（＝到達—逮）地位卑下的人，他明白地解說那些（刑罰上的）不定規的措施』。與下

文一句的意思正相符合。下文云：『鰥寡無蓋』，
就是説：『即使鰥寡也都直言而無壅蔽之情。』」
③

　　從《呂刑》這段文字看來，內容是講述上帝憐憫下民的苦
楚，於是懲罰苗民。這是很簡單和直接的記敘。但是，從高本
漢的解釋，甚至《偽孔傳》等一般傳統的説法，來看《呂刑》
這段話，卻有前後矛盾和不合理的地方。

　　依照高本漢的説法，《呂刑》的記敘是上帝哀憐下民，懲
罰苗民，並且絕地天通，於是「君后」在接觸卑下之人時，都
能闡明不常的法規，使鰥寡都無壅蔽。記述至此，苗民之禍，
應已剷除，但是接著下文卻仍是「鰥寡有辭于苗」。這便是按
照高氏的解釋而來的文意的前後矛盾。《偽孔傳》的解釋，也
有相同的問題。《偽孔傳》説：

　　「……哀矜眾被戮者之不辜，乃報為虐者以威誅遏
　　絕苗民，使無世位在下國也。……堯命羲、和，世
　　掌天地四時之官，使人神不擾，各得其序……群后
　　諸侯之逮在下國，皆以明明大道輔行常法，故使鰥
　　寡得所無有掩蓋。」④

記述至，苗禍理應已被清除，但是《偽孔傳》其後又説：

　　「帝堯詳問民患，皆有辭怨於苗民。」⑤

這樣説，顯然和前文的意思不符。這些矛盾的説法，應該不是
《呂刑》原文的意思。《墨子・尚賢》篇所引《呂刑》的文

字，有助於尋求《呂刑》經文的原意。《尚賢》篇的引文，和傳統經文，有字句次序的不同。《尚賢》篇所引，「皇帝清問下民，有辭有苗」句是放在「群后之肆在下」句前；這樣的移易，將「群后之肆下，明明不常，鰥寡不蓋」句，變成了「下民」向苗的控訴之辭。《尚賢》篇「群后之肆在下，明明不常」句的意思，孫詒讓說：

> 「畢云：『肆，《孔書》作逮。』孫星衍云：
> 『《說文》云：「肆、極陳也。」』詒讓案：肆，
> 正字作肄，與逮聲類同，古通用。此肆即逮之叚
> 字。《偽孔傳》云：『群后諸侯之逮在下國。』畢
> 云：『《孔書》「不」作「柴」。《傳》云：
> 「輔。」據此當作匪。』孫星衍云：『不常言非常
> 明察。』案：明明謂明顯有明德之人。不常，猶言
> 立賢無方也。《書》作柴者，匪之叚字，匪、不義
> 同，畢說得之。《偽孔傳》云：『皆以明明大道輔
> 行常法。』非經義，孫說亦非。」⑥

孫詒讓對《尚賢》篇的解釋，似乎對《呂刑》經文的理解，頗有幫助，因為孫氏的說法，可以消除上述的矛盾。江聲似也明白《尚賢》篇所引和《呂刑》傳注的矛盾與不同，大膽地據《尚賢》篇來改動《呂刑》經文。江氏說：

> 「（群后之肆在下）自此以下至『維假于民』，據
> 《墨子·尚賢》篇所引如是也。曰『群后』云云，

在『有辭有苗』之下。《正義》言鄭以『皇帝哀
矜』至『罔有降假』説顓頊之事，『皇帝清問』以
下乃説堯事。然則鄭君之本『降假』下即接『皇帝
清問』云云，與《墨子》所引適合，自是古文如
此，僞孔氏削去『曰』字而以『羣后』至『無蓋』
十四字逐置『黃帝清問』之上，又改『肆』爲
『逮』，又于『有辭』之上增『鰥寡』字，又改
『有苗』爲『于苗』，任意亂經，肆無忌憚，賴有
《墨子》得據以刊正之。」⑦

江氏逕改經文，段玉裁則以爲不可。段氏說：

「玉裁按：此三句《墨子》引在『有辭有苗』之
下，『德威維威』之上，近江氏叔澐《尚書集注》
據之移易經文，又據《正義》云：『鄭元以「皇帝
哀矜庶戮之不辜」至「罔有降格」皆説顓頊之
事……「皇帝清問」以下乃説堯事。』不言『皇帝
哀矜』至『鰥寡無蓋』，則鄭本必同《墨子》。玉
裁謂果爾則《釋文》、《正義》不應無一字道及。
《正義》槩括《鄭注》之語，不應拘泥，且《墨
子》捃摭不同，不應據子改經也。」⑧

段說亦不無道理。雖說未可以子易經，但是《尚賢》篇所引，
對《呂刑》的解釋，也還是有幫助的。吳闓生即吸取了《尚

賢》篇引文的意思來解釋《呂刑》篇的經文，他在「群后之逮
在下，明明棐常，鰥寡無蓋」下說：

> 「此三句《墨子》以爲鰥寡之辭。群后謂九黎諸
> 君。逮依《墨子》作肆。『在下』言在人世。鰥寡
> 上訴苗民之罪于天，言群后恣肆于世，其威顯赫變
> 幻而無常，使鰥寡無蓋覆也。」⑨

又在「皇帝清問下民，鰥寡有辭于苗」下說：

> 「此二句倒結上文，言天問而民訴其惡如此。清
> 者，靜謐也。」⑩

從《呂刑》的上下文來看，吳氏的說法，意思通順，又能解決
上面所說的矛盾，似是《呂刑》篇這段說話的意思。高本漢對
《呂刑》的解釋，似失經意。

　　除了經義上的問題外，高氏於字詞的解釋，也有可以商榷
的地方。高氏認爲此句中的「棐常」，意思和下文的「棐彝」
一樣，都是作「不定規的（措施）」⑪解。因此，「明明棐
常」的意思就是：「明白地解說那些（刑罰上的）不定規的措
施」。高氏的說法，頗嫌武斷。「明明」的意思，當與《堯
典》所用相同，《堯典》：「明明揚側陋。」⑫《僞孔傳》
說：

> 「明舉明人在側陋者。」⑬

屈萬里說：

　　　　「上明字為動詞，義猶顯揚；下明字為名詞，謂明

　　哲之人也。明字此類用法，《尚書》中習見。」⑭

高氏對「明明」的解釋，似誤。「棐常」，《墨子》引作「不

常」，可見《呂刑》的「棐」字，應當是「非」的借字。「棐

常」，即「非常」、「不常」，謂不恆常，引伸為無準則的意

思。孫詒讓說：「明明，謂明顯有明德之人；不常，猶言立賢

無方也。」似就是「明明棐常」的意思。

　　　　「在下」一詞，在前文討論「無世在下」時⑮，已經辨明

意指民間下土；《偽孔傳》說「群后之逮在下」的「在下」是

「下國」⑯的意思，亦足作為一個例證。高氏以為「在下」的

意思是「地位卑下」，似無據。

　　　　「群后」，高氏認為原作「君后」，意思和《顧命》所說

的「皇后」⑰完全類似。高氏此說似欠確實的證據支持，同時

在《尚書》裏，也無「君后」的用法。上文已經說明，「明明

棐常」的意思是說立賢無方，這樣，「群后」便不能指「皇

帝」，否則文義便不合理。可見，「群后」在這裏實不必改

字，《偽孔傳》說：「群后諸侯之逮在下國。」⑱以「群后」

為「諸侯」，實無不妥。

　　　　從以上的討論可見，高氏對「群后之逮在下，明明棐常」

句的解釋，在經義和字詞上，都頗有問題，難以令人接納。

注釋

① 見《尚書正義》，《十三經注疏》本，冊1，頁296下—297
　上。

② 見《墨子》，卷3，頁6a。

③ 見《書經注釋》，下冊，頁1049—1050。

④ 同注①。

⑤ 同上，頁297下。

⑥ 見《墨子閒詁》，《諸子集成》本，冊4，頁37。

⑦ 見《尚書集注音疏》，《皇清經解》本，冊6，頁4245上。

⑧ 見《古文尚書撰異》，《皇清經解》本，冊9，頁6663下。

⑨ 見《尚書大義》，頁94。

⑩ 同上。

⑪ 陳舜政所譯「不定規的（措施）」句，英文原寫成：
　"irregular (practises)"（見〈遠東博物館館刊〉，期21，頁
　179。）；而在高文第1767條討論「于棐民彝」句下說到
　《呂刑》「率乂于民棐彝」句的意思時，高氏英文原文寫
　成："In all they (regulated=) brought order into the irregular
　practices of the people."（同上，頁82）陳舜政的譯文則寫
　作：「在各方面他們對於人民的不正當手段加以規正」（見
　《書經注釋》，下冊，頁777）。陳氏兩處"irregular
　practices"的翻譯，明顯有異。從上下文看來，高氏《呂刑》

篇「裴彝」作"irregular practices"，意思當指「不正當手
段」；而且，這樣理解，也可使譯文的意思，前後一致。

⑫ 同注①，頁28下。

⑬ 同上。

⑭ 見《尚書集釋》，頁15。

⑮ 見本書頁314—315。

⑯ 同注①，頁296下。《僞孔傳》說：「皇帝，帝堯也。哀矜
眾被戮者之不辜，乃報爲虐者，以威誅遏絕苗民，使無世位
在下國也。」

⑰ 同注①，頁282上。《顧命》說：「皇后憑玉几，道揚末
命。」《僞孔傳》說：「大君，成王。」

⑱ 同注①，頁297下。

九十七、王若曰：父義和

高本漢解釋《文侯之命》「父義和」句說：

> 「馬融是把『父義和』看做一個『限定子語』
> （finite clause），他解釋説：『父能以義，和我諸
> 侯』。『義和』在這一篇裏，曾經出現過許多次，
> 像是一個眾所周知的稱呼，我們把馬氏的解釋再加
> 以修飾，所以『父義和』也就是説：『啊，叔父，
> 你這位調解人（＝和事佬）』。案：《史記·晉世
> 家》云：『晉文公五年五月丁未，獻楚俘于周……
> 天子使王子虎命晉侯爲伯……晉侯三辭，然後稽首
> 受之。周作晉文侯命』。」①

高氏的解釋，有兩點可以商榷。其一是他對「義和」這個
詞的看法；其二是他對《文侯之命》寫成年代的看法。現在先
討論第二點。高氏在解釋「義和」一詞時，引用了《史記·晉
世家》裏的一段記載，明顯地高氏是以爲《尚書》的《文侯之
命》即是《晉世家》裏所提到的《晉文侯命》。《史記·晉世
家》記載說：

> 「五月丁未，獻楚俘於周，駟介百乘，徒兵千。天
> 子使王子虎命晉侯爲相，賜大輅，彤弓矢百，旅弓
> 矢千，秬鬯一卣，珪瓚，虎賁三百人。晉侯三辭，

　　然后稽首受之。周作《晉文侯命》：『王若曰：父
　　義和，丕顯文、武，能愼明德，昭登於上，布聞在
　　下，維時上帝集厥命于文、武。恤朕身，繼予一人
　　永其位。』於是晉文公稱伯。」②

這裏所說的「五月」，是晉文公五年（即周襄王二十年，公元
前六三二年）的五月；所謂「獻楚俘於周」，是晉文公獻城濮
之戰所得的楚俘。所說的「天子」，是周襄王；而「《晉文侯
命》」，即《尚書》的《文侯之命》；自「王若曰」以下則是
節引《尚書·文侯之命》之文。由此看來，《史記》認爲《尚
書·文侯之命》是周襄王時代的作品；而文侯乃是晉文公重
耳。高氏旣引《史記》此文，自然亦以這篇的文侯是晉文公重
耳了。但是，從其他的材料來看，《尚書·文侯之命》的「文
侯」，似不是晉文公重耳，而該是晉文侯仇。《書序》說：

　　「平王賜晉文侯秬鬯圭瓚，作《文侯之命》。」③

《書序》的說法，和《史記》不同。楊筠如《尚書覈詁》說：

　　「《詩譜》：『鄭武公與晉文侯定平王於東都。』
　　隱六年《左傳》：『我周之東遷，晉鄭焉依。』
　　《國語》：『晉文侯於是乎定天子。』又僖公二十
　　八年《左傳》敘襄王享文公之事，曰：『用平禮
　　也。』《杜注》：『以周平王享晉文侯仇之禮享晉
　　侯。』則是文侯之相平王，平王之命文侯，皆似實

有其事。《書序》雖僞，此説疑非妄也。文公不名

義和，且不稱文侯，疑《書序》是也。」④

楊氏的推論，頗有根據。《左傳・僖公二十八年》記晉文公重
耳獻楚俘時説：

「鄭伯傅王，用平禮也。」⑤

楊伯峻《春秋左傳注》説：

「傅，相也。當行獻俘禮時，鄭文公爲周襄王之上
相，亦猶周平王之於晉文侯仇，以鄭武公爲相。今
《尚書・文侯之命》當從《書序》爲周平王錫晉文
侯之命，《史記・周本紀》、《晉世家》及《新
序・善謀篇》以爲周襄王錫晉文公之命者，誤。鄭
武公所以傅周平王者，時武公爲平王卿士也；今鄭
文公所以傅襄王者，以晉文命其『各復舊職』也。
襄二十五年《傳》子產答晉云，『我先君武、莊爲
平、桓卿士，城濮之役，文公布命曰「各復舊
職」，命我文公戎服輔王，以受楚捷』，可爲的
證。」⑥

楊伯峻所引襄公二十五年《左傳》的記事，可作爲楊筠如説的
有力旁證。

　　楊筠如和楊伯峻的推論，足以證明《史記》的記載錯誤。
誤把《尚書・文侯之命》説平王賜命晉文侯仇的事加綴在周襄

王賜命晉文公重耳事後。高氏不察《史記》之誤，據而爲說，
其論證之失，自是難免的了。

以下返回來討論關於高氏第一點可以商榷之處。高氏採納
了《史記》有關這篇的著作年代的看法，這樣他自然不會認同
篇中「義和」是晉文侯仇的說法。他批評這些意見說：

> 「鄭玄認爲：因爲晉文侯的名字叫『仇』（見桓公
> 二年《左傳》），所以他的字就可以叫做『儀』
> （『仇』與『儀』相當）。『義』字則是『儀』的
> 省體。鄭氏對於『和』字未有所論。江聲自作聰明
> 地説『和』字是什麽『語餘聲』——就是一種
> phonetic superfetation （儀 =*ngia：義和 =*ngia —
> g'wa）。《僞孔傳》則是很有邏輯地採用了鄭玄的
> 概念，把『義和』當作一個『字』。他解釋説：
> 『文侯同姓，故稱曰父。義和，字也。』關於這些
> 名與字的種種臆測，都是缺乏證據的。」⑦

高氏傾向於採用馬融對「義」和「和」的解釋。馬融的解釋
是：

> 「能以義和諸侯。」⑧

但是《文侯之命》中曾三次用到「義和」這個詞：

> 「王若曰：父義和丕顯文武，克愼明德。」

> 「父義和，汝克昭乃顯祖。」

> 「王曰：父義和，其歸視爾師，寧爾邦。」⑨

除了首次所用的「義和」外，其餘兩次用「義和」的地方，似乎都不能使用馬融的說法來解釋。由此可見，馬融的講法是有問題的，而高本漢也看到了這一點，因此他把馬說稍加改變，將「義和」說成是「調解人」，當作是一個「眾所周知的稱呼」。

高氏將「義和」看做是一個專有的稱呼，這和鄭玄等把「義和」看做是晉文侯的字號，論調基本上是一致的。但是，高氏卻不承認鄭玄等的說法，以之為缺乏證據的臆測。這一點，高氏未免過於主觀。事實上，高氏對「義和」的解釋，只是他的一種推測，沒有實質的證據支持。反觀鄭玄等的說法，在古人名與字的習慣上，卻有合理的解釋。《偽孔傳》說：

> 「文侯同姓，故稱曰父，義和，字也。」⑩

《孔疏》說：

> 「計文侯為侯相，天子當呼為伯父，此不云伯而直
> 稱父者，尤親之也。《左傳》以文侯名仇，今呼曰
> 義和，知是字也。天子於同姓諸侯皆呼為父，稱父
> 者非一人，若不稱其字，無以知是文侯，故以字別
> 之。鄭玄讀義為儀，儀、仇皆訓匹也，故名仇字
> 儀，古人名字不可皆令相配，不必然也。」⑪

「《左傳》以文侯名仇」的記載，見桓公二年：

> 「初，晉穆侯之夫人姜氏，以條之役生太子，命之
> 曰『仇』。其弟以千畝之戰生，命之曰『成師』。

師服曰：『異哉君之名子也！夫名以制義，義以出禮，禮以體政，政以正民。是以政成而民聽；易則生亂。嘉耦曰妃，怨耦曰仇，古之命也。今君命太子曰仇，弟曰成師，始兆亂矣；兄其替乎！」⑫

屈萬里說：

「晉穆侯的太子仇，就是晉文侯。當初取名的原因，本是由於仇敵之義。而仇敵之仇，究竟不是嘉名，況且師服的那些危言，又實在聳聽。因而取字的時候，既轉就仇匹之訓而命之曰『義』；復就敵仇相反之義而申之曰『和』。這在情理上說，似乎是很自然的事情。」⑬

屈氏又引黃彰健之說云：

「文侯名仇；如天子稱之曰『父仇』，則有父之仇獻之嫌，故不能不改稱其字。」⑭

以上諸說，雖然都不能提出實據，證明「義和」是文侯的字，但就情理來說，卻都比高氏的說法高明，因此之故，這句「義和」的解釋，還是以《偽孔傳》爲根據，較爲合適。

注釋

① 見《書經注釋》，下冊，頁1093。陳舜政譯文寫作：「啊，叔父，你這位調解人（＝和事佬）。」高氏原文作："Oh (father=) uncle and peacemaker"（見《遠東博物館館刊》，卷

21，1949年，頁194）。譯文與原文略異。又：陳氏譯文引
《史記‧晉世家》「周作晉文侯命」句，誤作「因作」，當
正。

② 見《史記》，冊5，頁1666—1667。

③ 見《尚書正義》，《十三經注疏》本，冊1，頁309上。

④ 見《尚書覈詁》，頁312—313。

⑤ 見《春秋左傳正義》，《十三經注疏》本，冊6，頁273上。
同頁《杜注》曰：「傅，相也。以周平王享晉文侯仇之禮享
晉侯。」

⑥ 見《春秋左傳注》，冊1，頁463。

⑦ 見《書經注釋》，下冊，頁1093。

⑧ 見《釋文》引，收入《尚書正義》，《十三經注疏》本，冊
1，頁309下。

⑨ 見《尚書正義》，《十三經注疏》本，冊1，頁309下、310
上、310下。

⑩ 同上，頁309下。

⑪ 同上。

⑫ 同注⑤，頁96下—97上。

⑬ 見〈尚書文侯之命著成的年代〉，收入《書傭論學集》，聯
經出版事業公司（台北），1984年。頁93—94。

⑭ 同上，頁103。

九十八、殄資澤于下民

　　高本漢解釋《文侯之命》「殄資澤于下民」句的意思說：
「《僞孔傳》是用『天』來作這句話的主詞。他解
釋此句說：『（天）絕其資，用惠澤於下民』。①
孫星衍則把『資澤』看成是一個複詞，意思是『財
祿』。如此，這句話就是：『（天）斷絕了對下民
的賞賜』。按照我們對上文的解釋來看，這句話的
主詞應該仍然是『我』才對。所以這句話的意思就
是說：『我毀滅了對下民（所該施給）的資財與恩
澤。』」②

　　高氏的說法，有兩點值得商榷。首先，高氏似乎誤解了
《僞孔傳》。其次，高氏以爲「殄資澤于下民」句的主詞是
「我」，似不確。

　　就第一點來看，《僞孔傳》原文說：
「言周邦喪亂，絕其資用惠澤於下民……。」③
高氏從「資」字處讀斷，明顯不合《僞孔傳》的語氣和句法。
《孔疏》說：
「王又自歎而自傷，嗚呼疲病者是我小子，繼嗣先
王之位，遭天大罪過於我周家，父死國敗，傾覆祖

業，致使周邦喪亂，絕其資用惠澤於下民，言下民

資用盡致使而王澤竭也。」④

《孔疏》說《僞孔傳》的「資用」是說經文的「資」字；「惠
澤」（即是「王澤」）是說經文的「澤」字。《孔疏》以爲
《僞孔傳》對經文的解釋是：「對下民的資用和惠澤都盡竭
了」。《孔疏》這樣說，意思通順，也合乎原文句法，似當是
《僞孔傳》的意思，可見高氏實在誤解了《僞孔傳》。

　　就第二個值得商榷的問題來看，高氏認爲這句說話的主詞
是「我」，這是說不通的。高氏這個看法，主要來自他對上文
「閔予小子，嗣造天丕愆」句的理解。高氏對「閔予小子，嗣
造天丕愆」句的解釋是：

「把『造』字講成一個假借字實在是很多餘的。這

句話只就字面上講就可以了：『可憐我這小孩子；

在我嗣承（王位）的時候，我對天造下了很大的錯

誤。』這樣講，『天』字就是一個受詞所有格

（objective genitive）的字。所以『天愆』也就是

『天之愆』，意思是：『對天的錯誤』。這一種含

有受詞所有格的句構是常見的。例如：《孟子‧告

子下》云：『三王之罪人』。意思是：『他們是冒

犯那三位王的罪人。』與此句的句法一樣。」⑤

高氏這裏的說法，是頗難令人接受的。他認爲「天愆」，就是
「天之愆」，意思就是「對天的錯誤」，這說法非常牽強，也

沒有證據支持。他舉出《孟子・告子上》「三王之罪人」的句
子作爲一個比較的例證，但是這個例子並不恰當，因爲我們看
不出《告子》中的「罪人」定必有「冒犯那三位王」的意思，
因此也不必是高氏所謂「受詞所有格」的形式。從上下文的意
思和句子結構來看，《僞孔傳》和王肅對這句話的解釋，是較
爲通順和合適的。《僞孔傳》說：

> 「歎而自痛傷也。言我小子而遭天大罪過，父死國
> 敗，祖業隤隕。」⑥

《孔疏》引王肅說：

> 「遭天之大愆，謂幽王爲犬戎所殺……」⑦

都並以「天」作爲這句話的主詞，意思通順。《左傳・昭公二
十六年》記王子朝的說話說：

> 「至于幽王，天不弔周，王昏不若，用愆厥位。攜
> 王奸命，諸侯替之，而建王嗣，用遷郟鄏，則是兄
> 弟之能用力於王室也。」⑧

所記就是晉文侯攘助周平王之事。「弔」者，楊伯峻說：

> 「弔，古淑字，淑，善也，謂天不佑周，使王昏亂
> 不順，因失其位。」⑨

《左傳》記事亦以爲是「天」之不助周室而使周王朝產生禍
亂，此足證《文侯之命》這句說話是以「天」做主詞了。

　　由於「閔予小子，嗣造天丕愆」句的主詞應當是「天」，
則「殄資澤于下民」句的主詞也當是「天」。以「天」作爲這

些句子的主詞，對《文侯之命》下文「侵戎我國家純」來說是
很重要的，因爲這樣講，「侵戎我國家純」一句，才有所寄
託。

注釋

① 《僞孔傳》這句話見《尚書正義》，《十三經注疏》本，冊
1，頁310上。高氏把這句話的意思說成："It (sc. Heaven) has
cut off the tsï resources for tsê bounties to the lower people." （見
《遠東博物館館刊》，期21，頁195。）可見其從「資」字
讀斷。

② 見《書經注釋》，下冊，頁1094—1095。

③ 見《尚書正義》，《十三經注疏》本，冊1，頁310上。

④ 同上。

⑤ 見《書經注釋》，下冊，頁562。

⑥ 同注③，頁309下。

⑦ 同上，頁310上。

⑧ 見《左傳正義》，《十三經注疏》本，冊6，頁903下。

⑨ 見《春秋左傳注》，冊4，頁1476。

九十九、斷斷猗

高本漢解釋《秦誓》「斷斷猗」句說：

「何休《公羊傳解詁》把『斷斷猗』講成『專一』
（『心志專一』、『一心一意』），鄭玄則解釋
說：『誠一』（誠心一志的）。《廣雅》也同樣
說：『斷斷，誠也』；孔穎達則釋之爲：『守
善』。綜上所述，這些注家們似乎是把『斷』
（*twân）看作是『專』（*tiwan）的假借字（或者
也可能認爲兩字語源相同）。如果他們眞這樣想，
就不免犯了大錯。『斷』字，最普通的意思就是：
『斷定』、『決定』。所以，這個字在此地也是指
一個意志堅決的人說的，意思就是『果斷』、『決
然』。那麼，這句話就是說：『一個果斷的
（人）』。這樣講就免去了任何假借的臆測。」①

高氏爲避開假借的說法，把「斷斷」照字面的意思解作「果
斷」，似頗武斷，亦未得經義。《秦誓》下文說：「無他技」
②，顯然是據「斷斷專一」的意思來說的。《東觀漢記》建武
元年詔引《秦誓》此文作：「斷斷無他，其心休休焉。」③這
可作爲「斷斷」作「專一」講的一個旁證。《說文》「斤」部
云：

「𣃔，截也，从斤……𢇍古文斷，从𠧢。𠧢，
古文叀字。《周書》曰：『𢇍𢇍猗，無他
技。』……。」④

《說文》「叀」部云：

「叀，小謹也。」⑤

陳瑑《說文引經考證》說：

「『斷，截也。从斤，从𢇍。𢇍，古文絕。重文爲
𢇍。古文𢇍从𠧢。𠧢，古文叀字。《周書》曰：
「𢇍𢇍猗，無他技。」』今作『斷斷』，衛包所改
也。隸古定本亦从古文作『𢇍𢇍』。《大學》引
《書》亦作『斷斷』。《注》引《鄭注》云：『誠
一之皃。』《說文》：『叀，叀小謹也。』𢇍从叀
爲義，則文有古今而義不異。何休《公羊注》亦以
斷斷爲專一，以叀爲更明了。」⑥

雷浚《說文引經例辨》說：

「此許所據壁中古文也。今《書》作『斷斷』，
《大學》引《書》亦作『斷斷』，《鄭注》：『誠
一之皃也。』與『截』義不相應，則「斷斷」爲假
借字。𢇍从𠧢，𠧢爲古文叀字，叀之本義爲小謹，
與誠一之皃義近。知𢇍字自有本義，而後世失傳，
其字僅見壁中古文，其義即具於經語中，許稱之，
存古之義也。」⑦

從《說文》的稱引和「斷」字古文字形看來，陳、雷二氏的說法，不無道理。《秦誓》「斷斷猗」句的意思，在沒有實證支持下，傳統的講法，是不宜遽予否定的。因此之故，高氏對這句的解釋，似難以成立。

注釋

① 見《書經注釋》，下冊，頁1121。

② 見《尚書正義》，《十三經注疏》本，冊1，頁315上。

③ 見《東觀漢記》，下冊，頁462。

④ 見《說文》，頁300上。

⑤ 同上，頁84上。

⑥ 見《說文引經考證》，《說文解字詁林》，冊14，頁6379a。

⑦ 見《說文引經考證》，《說文解字詁林》，冊14，頁6379a。

第三章　結論

　　高本漢《書經注釋》對《書經》這部上古文獻，共作出了九百餘條的注釋，不少地方超越了前人的研究成果。《書經注釋》處理中國古書詞義的優點，主要表現在兩方面：一是處理材料有條不紊；二是取捨之間有客觀的標準。以下分別論述。

一、處理材料有條不紊

　　高本漢《書經注釋》的體例，是將《書經》裏面有爭議的字句，按其在《書經》出現的先後次序排列出來，各冠以號碼。這種做法，於尋檢和前後比較分析，頗爲便捷和有用。高氏採用逐字逐句討論的方式，他的討論，通常分爲兩個步驟。第一步是臚列歷來各家的異文異說，而這些不同說法的來源，主要可分爲三類。第一類是直接解釋《書經》的注疏，例如漢代的馬融《注》和鄭玄《注》，稍後的《僞孔傳》、《蔡傳》和清代的江聲《尚書集注音疏》、段玉裁《古文尚書撰異》、孫星衍《尚書今古文注疏》等。第二類是先秦的古書古注，例如《詩經》、《左傳》、《周禮》等經籍和它們的注疏。對於這些古書古注，高氏特別留意它們所引用和傳統《書經》經文有別的異文，加以詳細比較和分析。除先秦古籍外，高氏亦頗

注重《史記》的材料，因爲《史記》有很多地方是直接鈔錄《書經》的文字，這對恢復《書經》的原貌，解釋其字詞，都很重要。第三類是古代的字書、辭典，例如《說文》、《爾雅》、《方言》等。此外，古器物的材料，如甲骨卜辭、銅器銘文等，高氏也時常利用。各類材料的引用，高氏都能做到各歸其類而互不滲雜；每一項材料都以英文字母冠領，條目清晰。把材料羅列好後，高氏便對他所列舉的每一項材料進行詳細審察，逐一衡量比較，然後斷定那一個說法最可靠。

在整部《書經注釋》裏，高氏都採用上述步驟來討論《書經》有問題的詞句，他徵引的材料雖然非常繁複，但是因爲有清楚的原則和步驟，所以都能處理得有條不紊，而且清晰易讀，這是高本漢《書經注釋》的一大優點。

二、取捨之間有客觀的標準

對於《書經》中字詞解釋的不同說法，高本漢最重視他們有沒有先秦典籍的實例支持。這裏可以用《書經注釋》第1278條有關《堯典》「而難任人」句的討論來做例子。在這條注釋裏，高氏引用了《史記》、《爾雅》、孫炎《爾雅注》、郝懿行《爾雅義疏》和朱駿聲《說文通訓定聲》來做比較。《史記》將「而難任人」引作「遠佞人」①，將「任」說作「佞」。《爾雅‧釋詁》說：「任、佞也。」孫炎說：

> 「似可任之佞也。《虞書・舜典》云：『而難任
> 人。』壬猶任也。《臯陶謨》云：『何畏乎巧言令
> 色孔壬。』」②

郝懿行說：

> 「壬者，《說文》云：『大也。』《詩・燕燕・
> 傳》：『任，大也。』是任、壬同。又訓佞者，佞
> 人好作大言以欺人，故《書》云：『何畏乎巧言令
> 色孔壬。』壬，佞也；孔，甚也；甚佞言大佞也。
> 必言大者，壬本訓大也。」③

高本漢指出《史記》的說法當是根據《爾雅》而來的，但是
《爾雅》、孫炎和郝懿行的解釋，都無古書上的例證支持，也
沒有說明「任」訓「佞」的確實根據，因此他們所說，並不可
信。「而難任人」中「任」字的解釋，高氏採用了朱駿聲的意
見，認為「任」應該是「荏」的假借④。「荏」是古書裏常見
的字，多訓「柔弱」，引伸有「諂媚」之意。這樣，「任」和
「佞」之間的關連便可以說清楚了。朱駿聲的解釋，由於可以
找到很多古書的例證支持，因而較孫炎和郝懿行的說法可取。
由此可見高氏對於材料的選擇，是有一套客觀的標準的。

　　從這例子可以見到，高本漢對於《爾雅》等古代字典，抱
有懷疑的態度。他認為這些字典，實質上和古書的傳注沒有分
別，因為字典的解釋，只不過將古書的傳注抽取出來，系統地
加以編排而已；因此，如果我們對古書的傳注有懷疑，是不能

　　用字典來判斷他們的對錯的，字典上的材料，很可能便是從古
書的傳注來的。高氏這個意見，很有道理，也是中國傳統學者
所經常忽略的。⑤

　　　　高氏很重視先秦古籍上的證據，如果在解釋字詞時，不同
的說法都有先秦古籍上的佐證，高氏便要看證據的多寡和是否
可靠。如果所有說法都沒有先秦古籍的佐證，高氏便用次一步
的標準來判斷。這次一步的標準，包括下列各方面：

　　　　1.從語源學來推斷字詞的意思而使《書經》的文字得到合
理的解釋。

　　　　《堯典》「鳥獸毛毨」句⑥，「毨」字的意思，鄭玄和
《僞孔傳》都說是：「理也，毛更生整理。」⑦但這個說法，
缺乏佐證。《國語‧晉語》：「珧之以金銑。」⑧《說文》：
「銑，金之澤者。」⑨高氏認爲「毨」和「銑」，兩個字都从
「先」聲，是同一語源的字，他們的意義應該相屬，「銑」是
光高的金屬，則「毨」應當是光明鮮亮的羽毛了。如此，《堯
典》「鳥獸毛毨」句的意思便是「鳥獸都長著鮮亮光滑的羽
毛」。⑩高氏的意見是可取的。

　　　　2.利用文字學的知識來詮釋《書經》，使經文得到新解。

　　　　《堯典》「平章百姓」、「平秩東作」兩句⑪，《僞孔
傳》以爲「平章」的意思是「平和章明」⑫；「平秩」的意思
是「平均次序」⑬；兩個「平」字的意義不同。高本漢則認爲
兩句的「平」字都是「釆」字的錯字⑭。高氏說：「平」字

小篆作 〒 ，「 釆 」字小篆作 半 ⑮（案： 半 ，《說文》引作古文，高氏誤爲小篆），兩字形體近似，容易譌誤。「 釆 」字在語源上和「便」、「辨」、「辯」同源，所以「平章百姓」，《史記》作「便章百姓」⑯；「平秩東作」，《周禮・馮相氏・鄭注》引作「辯秩東作」⑰，而賈公彥《疏》則說此字《尚書大傳》作「辨」⑱，司馬貞《史記索隱》又復作「辯」⑲。這些不同的寫法，足以證明《堯典》原文作「釆」而不作「平」。《說文》：「釆，辨別也。」⑳這樣，「釆章」的意思是「明辨章顯」；「釆秩」的意思是「分配訂定」。兩句都得到了新的和合理的解釋。

　　3.比較《書經》原文文字以訂定經文和提出新說。

　　《洪範》說：「三德：一曰正直，二曰剛克，三曰柔克。平康正直，彊弗友剛克，燮友柔克；沈潛剛克，高明柔克。」㉑高本漢認爲其中「彊弗友剛克」句，在句例上和上下文非常不協調，句中的「友」字當是衍字，原句應作：「彊弗剛克」。「弗」字不作「不」解，司馬遷把這句說作：「彊不友剛克」㉒，是誤解了經文。「弗」字其實是「𢖺」的假借字。《說文》：「𢖺，違也。」㉓這字和《堯典》「吁𢖺哉」㉔、《微子》「𢖺其耇長」㉕同。如此，這句話是說：「強悍而違抗的，以剛強對付。」文意和句例皆與上下文相協。高說似可接受。㉖

　　4.用其他古書上相同或相近的字和句來作比較對照，以說
明《書經》字詞的意思。例如在討論《堯典》「納于百揆，百
揆時敍」和「使宅百揆」兩句時，高氏處理的方法是：

> 「我們先得把枝節的問題說一說。本條裏的『使宅
> 百揆』本是下文的話，現在爲了方便起見，把它也
> 放在本條裏來討論。……『揆』字，有：『計
> 量』、『估計』、『揆度』的意思（這是《爾雅》
> 的說法，也是『揆』字常見的意義）。所以也可以
> 把它講成：『處置』、『管理』、『處理』、『經
> 營』等意思。最早的解釋，可以間接地從《左傳》
> 裏找到，文公十六年《左傳》裏有一處是很明顯地
> 引用了《尚書·堯典》這句話。原文作：『以揆百
> 事，莫不時序。』意思是『處理各種的事情，沒有
> 一件不是條理井然的。』《左傳》的作者，顯然是
> 把《尚書》裏的『百揆』講成：『各種事情的處
> 理』（『各種的經營』），所以我們這句話的意思
> 是(1)：『派定他（把他納入）去做各方面（百）的
> 經營，各方面的經營就都井然有序了。』(2)：『我
> 將使他執掌各方面的經營。』」

高氏利用《左傳》相近的句子，論證《堯典》句子的意義，說
法是可信的。

　　以上是高本漢在多個不同說法中衡量取捨時所使用的主要
方法。但是，如果多個說法，都言之成理的話，他會採用最古
的一個，因為較古的說法，得之於周代傳授的可能性較多，而
且不受後來因素的影響，自然也較接近經文的真貌。㉘

　　高本漢是一位傑出的漢學家，擁有豐富的學識和科學的研
究方法，而且目光敏銳，能夠揭露問題癥結，施以適當的解決
方法。但是，正如「導論」所指出，《書經》之難讀，是世所
公認的，高氏《書經注釋》討論《書經》字詞的意義，考慮偶
欠周全，不夠客觀，也是難以避免的。《書經注釋》共作出九
百餘條的注釋，本書對其中九十九條，提出了修正的意見；歸
納起來，高氏《書經注釋》的缺點，可以分為六方面：

一、誤說《書經》篇章的著成時代

　　《書經》所收集的是先秦時代的歷史文獻，有頗珍貴的歷
史價值，但是高本漢《書經注釋》於各篇的著成時代，都闕而
不論，或論而不詳，以至論述篇中的內容時，頗有顛倒史實的
地方。例如在討論《酒誥》篇時，高氏認為內容是周武王告誡
少弟康叔不可酗酒的說話，所以《酒誥》的作者是周武王，不
當是《書序》所說的周成王。高氏出了多項理由來支持他的說
法，不過從本書第56條的討論可知，高氏的理由都失於偏差和
無據。事實上，《書序》所說，《酒誥》出自周成王，還是最

可信的。顯然，高氏之失，在於他不是中國上古史的專家，對
於《書經》篇章的著成年代，沒有通盤的研究；在沒有詳細精
審的考查各類歷史材料下，只對個別篇章進行比較討論，所得
出的結果，難免令人失望。雖然，《書經注釋》所重視的是詞
義訓詁，但是著成時代的不同，往往影響內容的詮釋，因此，
對《書經》各篇的著成時代研究疏略，不能不說是《書經注
釋》的一個缺點。

二、不諳古漢語成詞而失解

　　這裏所說的「成詞」，是襲用姜昆武《詩書成詞考釋》所
用的述語。根據姜氏所說，「成詞」是古漢語語詞的一種特殊
形態，活躍於上層社會的語言裏，較少出現於民間創作的風詩
裏；「成詞」的具體內容，姜氏說：

> 「詞彙中以現成的固定的結構形式表達一個特殊的
> 含義或專門使用於某些特定場合者，其意義一般不
> 能單從字面理解，往往也不能以一般的比喻引伸等
> 訓詁去認識，它是人們在長期特殊習慣使用中形成
> 的雙音節詞或詞組。」㉙

《書經》中的確有些詞語具有姜氏所謂「成詞」的特性，它們
在結構和意義上，各有特殊之處，不可以單從表面的形態來分
析。高本漢《書經注釋》有些地方忽略了《書經》成詞的存

在，以致曲解了經文的意義。例如本書第50條所說，《大誥》篇「弗造哲迪民康」句中，「哲迪」便是一個古漢語成詞，高氏卻把這句讀作「弗造哲，迪民康」，明顯是錯了。

三、不諳古代制度而誤解

高本漢在語言學上有極卓越的成就，但是如果對古代社會的經濟政治制度和天文地理曆法等沒有豐富的知識，則在研治《書經》這部先秦古籍時，總還是會有欠通達的地方的。例如本書第48條討論《洪範》篇「王省惟歲，卿士惟月」時指出，「卿士」是一個古代官位，高本漢卻把它說成「高官和貴族們」，顯然是將「卿士」分開來解，未免和實情不合。這些問題，相信是因為高氏不熟識先秦的社會制度而造成的。

四、照字面意義解而曲說《書經》經文

上面提到高本漢將「卿士」一詞分開來解釋的錯誤，這一方面顯然是高氏不熟識古代社會制度而做成的，而另一方面，高氏在處理字詞的意義時，往往直接從文字表面的意義來說，結果也會做成誤解經文的情形。例如《皋陶謨》「至于海隅蒼生」句，高本漢將「蒼生」一詞解釋為：「綠綠地生長的」，這是字面的意義，顯然不是「蒼生」一詞的意義；詳細的討

論，見於本書第27條。再舉一例：《顧命》篇「眇眇予末小子」句，高氏解釋爲：「我這微不足道的最末一個小孩子。」句中的予是康王，相信一國之君斷不會自嘲是「末尾」的亡國之君的，高氏據字面之意來解說經文，顯然是不對的。「末」當是「微末」之意，爲自謙之詞。詳細的討論，見本書第93條。

五、誤解前人的説法

高本漢在引用前人之說以論證經文意義時，間中有錯誤理解的情形。例如本書第57條指出，《酒誥》「肇我民惟元祀」句「元祀」的意思，俞樾《群經平議》認爲是指周文王元年，但高氏卻將俞樾的意思，誤解爲「開端的祭祀」，這是不合實情的。又例如《梓材》「王其效邦君」句，《僞孔傳》解釋爲：「王者其效實國君。」《僞孔傳》所謂「效實」，意思是「考實」、「稽考」，高本漢卻誤解爲「爲成效而努力」。詳細的討論，見於本書第61條。

六、處理假借字的問題過於拘泥

高本漢認爲漢語的同音字很多，如果漫無節制地運用假借來解釋古書，則古書上的字詞，便可隨意解釋而無標準了㉚。

因此，他不輕言假借，如前人說到假借時，他必定用他為古漢語建立的古音系統來測考。但是，即使經他考定的字古音上是相同的，但只要照字面的本義或引伸義講還可以說得通，他仍然不相信那是假借字。高氏的意見是可取的，但是他往往過於拘泥，以致他對古書字詞的解釋，有時顯得過於武斷和主觀。王力批評他說：

「由於他的形式主義，就把上古韻部擬得比《廣韻》的206韻更加複雜，那完全是主觀的一套。」
㉛

王力所說，頗有道理。舉例來說：《皋陶謨》篇「黎獻」一詞，段玉裁和王引之都指出上古「獻」是「儀」的假借，「黎獻」即「黎儀」。但是高氏據他自己的測擬，上古音「獻」讀**Xiǎn**，「儀」讀*nqia，兩字聲韻上有頗大的距離，因此沒有假借的條件。事實上，高氏的測擬是主觀和錯誤的；「獻」上古屬寒部；「儀」上古屬歌部；文字諧聲，《詩經》押韻和漢儒音讀中，都有極多歌、寒對轉的例子，足以證明「獻」、「儀」之間實有假借的條件的。這說明高氏對古書上假借字的處理，也有不合實情的地方。詳細的討論，見於本書第28條。

　　總括來說，高本漢《書經注釋》的成就是巨大的。他不但解決了很多《書經》字詞上糾纏不清的問題，給予正確的解釋，還在研究的方法上，提供了頗多價值極高的意見。由於《書經》本身的問題極多，字義的爭論又異常繁複，不是可以

輕易解決的，本文雖然指出高書的不少問題，但這些只是大醇中的小疵，實不足以掩蓋高氏的成就。

注釋

① 見《史記》，冊1，頁38。

② 見《爾雅‧疏》引，《十三經注疏》本，冊8，頁28上。

③ 見《爾雅義疏》，《皇清經解》本，冊18，頁13795下。

④ 朱說見《說文通訓定聲》，《說文解字詁林》，冊9，頁3562a。案：《說文》：「㞷，弱皃。」（頁118下）又：「荏，桂荏蘇。」（頁15下）朱氏說「任」借作「㞷」；高氏引則謂「任」借作「荏」，恐是錯誤。但古書上「荏」則多借作「㞷」，段玉裁《說文解字注》說：「《小雅》、《大雅》皆言『荏染柔木』，毛曰：『荏染，柔意也。』《論語》：『色厲而內荏。』孔曰：『荏，柔也。』按：此『荏』皆當作『㞷』。桂荏，謂蘇也。經典多假荏，而㞷廢矣。」（見《說文解字詁林》，冊7，頁2461a。）

⑤ 高氏這個意見，可在其《書經注釋》的「序言」中見到（《書經注釋》，上冊，頁22—23）。

⑥ 見《尚書正義》，《十三經注疏》本，冊1，頁21下。

⑦ 同上。

⑧ 見《國語》，上冊，頁281。

⑨ 見《說文解字》，頁294上。

⑩ 見《書經注釋》，上冊，頁32—33。

⑪ 見《尚書正義》，《十三經注疏》本，冊1，頁20下、21上。

⑫ 同上，頁20下。

⑬ 同上，頁21上。

⑭ 見《書經注釋》，上冊，頁13—14，19—22。

⑮ 《說文》「釆」字，小篆作 （圖）、古文作 （圖）（頁28下）；「平」字，小篆作 （圖）、古文作 （圖）（頁101下）。

⑯ 見《史記》，冊1，頁15。

⑰ 見《周禮注疏》，《十三經注疏》本，冊3，頁404下。

⑱ 同上。

⑲ 見《史記》，冊1，頁18。

⑳ 見《說文》，頁28下。

㉑ 見《尚書正義》，《十三經注疏》本，冊1，頁174。

㉒ 見《史記》，冊5，頁1616。

㉓ 見《說文》，頁33上。

㉔ 見《尚書正義》，《十三經注疏》本，冊1，頁26上下。

㉕ 同上，頁146下。

㉖ 高說見《書經注釋》，上冊，頁503—504。

㉗ 同上，頁72—73。

㉘ 高氏這個意見，見於《詩經注釋·序言》，上冊，頁24。

㉙ 見《詩書成詞考釋》，頁24—25。

㉚ 《詩經注釋・序言》，上冊，頁21。

㉛ 見《漢語史稿》，上冊，頁64。